Inhaltsverzeichnis

AF196574

8   Einleitung

12   Der Naturraum im Überblick
14   Die Balkan-Halbinsel
18   Entstehung der Seen und Gebirge in der Prespa-Ohrid-Region
20   Eines der ältesten Seensysteme der Welt
21   Gebirge umrahmen die Seen
24   Ohrid-See, Großer und Kleiner Prespa-See – eingebettet zwischen hohen Gipfeln
30   Die Zuflüsse der Seen
34   Warme und trockene Sommer – kalte und schneereiche Winter
36   Wasserspiegelschwankungen am Großen und Kleinen Prespa-See
40   Nährstoffarmut – Kennzeichen des Ohrid-Sees
45   Prespa und Ohrid - Ein Hotspot der Biodiversität
48   Endemismus – Phänomen langer Isolation

52   Kulturelle und historische Bedeutung der Region
54   Geschichte und Kultur – Die Wurzel der kyrillischen Schrift
57   Ohrid – Kulturhistorische Perle auf dem Balkan
60   Die mazedonische Frage

64   Die Pflanzenwelt
67   Pflanzenleben im und am Wasser
70   Eichen und Buchen – Die Waldgesellschaften in den Gebirgen der Prespa-Ohrid-Seenregion
78   Wiesen und Weiden
82   Sonderstandorte

Naturraum

Kultur/Historie

Pflanzenwelt

Tierwelt

Schutz/Gefährdung

Reiseinfo

Inhaltsverzeichnis

88 Die Tierwelt
90 Großsäuger
98 Kleinsäuger
98 Fledermäuse
108 Amphibien und Reptilien
126 Fische
132 Vögel

146 Gefährdung und Schutz
150 Überfischung der Seen – das Ende der Ohrid-Forelle?
153 Schwarzbauten zersiedeln die Landschaft
154 Albanien – das Land der Bunker
155 Intensive Bewässerungslandwirtschaft
156 Maliq – Das Ende eines einzigartigen Feuchtgebiets
159 Der Niedergang der albanischen Wälder
164 Tourismus intensiv
167 Verantwortung für die Naturschätze in der Prespa-Ohrid-Region
168 Naturschutzgebiet Ezerani
172 Galicica-Nationalpark
177 Prespa-Nationalpark Albanien
186 Pelister-Nationalpark
189 Prespa-Nationalpark Griechenland
195 Ein Dreiländerschutzgebiet - der Prespa-Park
196 Eine faszinierende Naturschutz-Initiative: Das Grüne Band Europas
197 Das Jablanica-Shebenik-Gebirge
202 Mavrovo-Nationalpark
204 Der Balkan-Luchs (Lynx lynx martinoii)
207 Ökologische Regionalentwicklung - ein wichtiges Instrument
des Naturschutzes

Inhaltsverzeichnis

210 Reiseinformationen
212 Allgemeine Hinweise und Tipps für Besucher
214 Tourenvorschläge
214 Sehenswertes im Galicica-Nationalpark
214 Sveti Naum - bemerkenswertes Natur- und Kulturerbe
216 Zwischen Ohrid- und Großem Prespa-See - Grandiose Ausblicke
218 Ohrid und Resen - Städte mit alten Traditionen und Lokalkolorit
219 Albanischer Prespa-Nationalpark
219 Orientierungshilfen für den albanischen Prespa-Nationalpark
222 Am Großen Prespa-See: Vogelparadiese und alte Stätten des Christentums
224 Interessante Naturphänomene: die Schlucklöcher von Zaveri
225 Kleiner Prespa-See - Großes Natur- und Kulturerbe
226 Wandern in den Trockenen Bergen (Mali e Thate)
228 Nordufer des Großen Prespa-Sees – Naturschutzgebiet Ezerani
230 Pelister-Nationalpark
232 Griechischer Prespa-Nationalpark
232 Von Mikrolimni zu Zwergscharben und Narzissen
233 Von Vrondero hinunter zum Kleinen Prespa-See
234 Zu den Ruinen von Dhaseri
235 Agios Achillos - alte Kirchen und seltene Vögel
235 Psarades - Ausgangsort für lohnende Exkursionen
237 Das Jablanica-Gebirge – als Nationalpark vorgeschlagen

240 Abkürzungen

241 Hilfreiche Links im Internet

242 Artenverzeichnis

243 Schlagwortregister

250 Ortsverzeichnis

251 Literaturverzeichnis

Naturraum

Kultur/Historie

Pflanzenwelt

Tierwelt

Schutz/Gefährdung

Reiseinfo

Vorstellung der Autoren

Annette Spangenberg

Seit 2002 ist die Diplom-Ingenieurin (FH) für Landespflege für die Euro-Natur Stiftung tätig. Dort ist sie u. a. zuständig für die EuroNatur-Aktivitäten in Griechenland und für den Schutz der Mittelmeer-Mönchsrobbe, auch ist sie Mitglied im EuroNatur-Team für die Erhaltung des Grünen Bands Balkan. Bereits seit 2005 bereist Annette Spangenberg die Prespa-Ohrid-Region mehrmals jährlich. Für EuroNatur betreut sie dort insbesondere das Balkanluchs-Projekt in der Region.

Sportliche Aktivitäten in der freien Natur sind ihre liebste Freizeitbetätigung. Dies hat ihren Blick weiter geschärft für Probleme und Chancen des Tourismus in schützenswerten Naturregionen.

Gabriel Schwaderer

ist Diplom-Geograph und war schon während seiner Studienzeit ehrenamtlich, später dann hauptamtlich in verschiedenen Funktionen für die europaweit tätige Naturschutzstiftung EuroNatur tätig. Seit 1998 ist er ihr Geschäftsführer.

Die Prespa-Ohrid-Region bereiste Gabriel Schwaderer erstmals im Jahr 2001. Seither war er dort viele Male beruflich und privat unterwegs und konnte so die bewegte (Naturschutz-)Geschichte, die reichen Naturschätze sowie die Menschen und deren Lebensbedingungen im Dreiländereck Albanien, Mazedonien und Griechenland immer besser kennen lernen. Neben der vielfältigen Landschaft und der Gastfreundschaft schätzt er besonders das gute Essen in der Region und die Möglichkeit, vergessene Naturschätze abseits vielbegangener Pfade zu entdecken.

Mit dem vorliegenden Reiseführer möchten die Autoren dazu beitragen, die Schönheit und Einzigartigkeit der Natur einer wenig bekannten europäischen Landschaft möglichst vielen Naturfreunden zugänglich zu machen, aber auch Neugier auf die traditionsreiche Kultur und wechselhafte Geschichte der Prespa-Ohrid-Seenregion zu wecken.

Grußwort der Autoren

Die Prespa-Ohrid-Seenregion hat es verdient, mehr beachtet zu werden. Sie ist aufgrund ihrer biologischen Vielfalt sowie ihrer kulturhistorischen Schätze eine besondere Ecke Europas. Wir wollen mit diesem kleinen Naturreiseführer einen Beitrag dazu leisten, dass die Region von mehr naturinteressierten Besuchern bereist wird und sich damit im Gebiet ein nachhaltiger Naturtourismus entwickeln kann, der den Menschen vor Ort wirtschaftlich hilft und der Natur nicht schadet.

Die Idee für diesen Reiseführer ist bei einer unserer zahlreichen Projekttouren in die Prespa-Ohrid-Region entstanden. Von der Idee bis zur Verwirklichung war es dann noch ein längerer Weg, der uns aber viel Freude gemacht hat. Wir danken vor allem unseren Naturschutzkollegen aus Albanien und Mazedonien dafür, dass sie uns beim Schreiben des Büchleins ständig mit Informationen sowie Rat und Tat unterstützt haben. Ein ganz besonders herzliches Dankeschön geht an Dr. Spase Shumka von der PPNEA in Albanien sowie an Dr. Ljupcho Melovski von der MES in Mazedonien.

Lektoriert hat das Büchlein Ingeborg Merz, die bis 2008 die Geschäftsstelle von EuroNatur in Radolfzell leitete und von Anfang an eine besondere Sympathie für die Prespa-Ohrid-Region entwickelte. Wir danken ihr ganz herzlich für ihre ehrenamtliche Unterstützung unseres Vorhabens. Es ist ihr Verdienst, dass das vorliegende Buch besser lesbar ist.

Wir widmen diesen Reiseführer den Naturschönheiten der Prespa-Ohrid-Region und allen Menschen, die sich für deren Erhaltung einsetzen.

Gabriel Schwaderer   Annette Spangenberg

Warum dieser Reiseführer?

Dieser Naturreiseführer stellt eine noch wenig bekannte, landschaftlich jedoch besonders reizvolle Dreiländer-Grenzregion auf dem Balkan vor. Die Prespa-Ohrid-Region beherbergt auf kleinem Raum große Seen und hohe Berge in Albanien, Griechenland und Mazedonien. Die große Vielfalt der Lebensräume führt zu einer außerordentlich reichen Pflanzen- und Tierwelt.

Der Naturreiseführer gibt eine umfassende Einführung in den Naturraum, erhebt jedoch keinen Anspruch auf eine vollständige Beschreibung von Fauna und Flora. Im Hinblick auf den geringen Umfang des Büchleins und die ungewöhnlich vielfältige Biodiversität der beschriebenen Region wäre dies eine kaum lösbare Aufgabe.

Eine Gebrauchsanweisung:

In den Ländern Albanien, Griechenland und Mazedonien sind die politischen und sozio-ökonomischen Randbedingungen bisweilen sehr unterschiedlich. Was im einen Land zutreffend sein kann, verhält sich möglicherweise im Nachbarland völlig anders. Und leider liegen nicht zu allen Themen und Sachverhalten in den drei Ländern Informationen mit der gleichen inhaltlichen Tiefe vor. Unter anderem führten die politischen Spannungen, die teilweise bis in die heutige Zeit hineinreichen, dazu, dass in der Wissenschaft wenig Austausch gepflegt wurde und eine Verständigung nicht angestrebt, sondern eher verhindert wurde. So tut sich zwangsläufig bis heute manche Lücke auf und bisweilen stößt man in den Publikationen aus den drei Ländern auf Widersprüche, die für den unbeteiligten Beobachter kaum oder auch gar nicht auflösbar sind.

Seit der Unabhängigkeit Mazedoniens gibt es einen Streit über den Namen dieses kleinen Landes. Bis 1991 war es die Jugoslawische Republik Mazedonien; seither bezeichnet sich der kleine und unabhängige Staat selbst als Republik Mazedonien. Hiergegen hat aber vor allem Griechenland scharfen Protest eingelegt. Dies hat dazu geführt, dass international meist von FYRoM oder EJRM gesprochen wird. FYRoM steht dabei für Former Yugoslavian Republic of Macedonia und EJRM für Ehemalige Jugoslawische Republik Mazedonien. In diesem Naturreiseführer wird schon allein der einfacheren Lesbarkeit halber von Mazedonien gesprochen. Damit ist hier nur das Gebiet von FYRoM gemeint und nicht die gleichnamigen Gebiete im Norden Griechenlands.

Die Verständigung in der Region – in Hotels, im Restaurant, an der Tankstelle, mit der Nationalparkverwaltung oder touristischen Anbietern – funktioniert am besten in den Landessprachen oder in Englisch. Die Namen der aktiven Naturschutzorganisationen oder auch anderen wichtigen Einrichtungen werden in diesem Reiseführer in Englisch angegeben, denn sie sind auch in der Region unter diesen Bezeichnungen bekannt und deutsche Übersetzungen existieren in der Regel nicht. Auch für Internet-Recherchen sind die englischen Namen besser geeignet.

Die Bewohner im albanischen Teil der Prespa-Region sind überwiegend Mazedonen. Hier wird vor allem Mazedonisch gesprochen und die Orte haben mazedonische Namen. Um Verwirrung zu vermeiden, werden in diesem Reiseführer trotzdem die albanischen Namen angegeben, denn in Karten und auf Straßenschildern sucht man die mazedonischen bisher noch vergebens. Das wird sich allerdings wahrscheinlich bald ändern, denn die albanische Regierung und das Parlament haben beschlossen, der mazedonischen Minderheit im Land mehr Rechte zu geben. Dies schließt dann auch ein, dass die von Mazedonen bewohnten Dörfer in Kürze wieder offiziell ihre mazedonischen Namen tragen dürfen.

Einleitung

Im Dreiländereck zwischen Albanien, Griechenland und Mazedonien liegt eine der interessantesten und vielfältigsten Landschaften Europas. Der Ohrid-See sowie der Kleine und Große Prespa-See sind von eindrucksvollen Gebirgszügen umrahmt und zählen zu den ältesten Seen weltweit. Dennoch sind diese Naturschätze in Mitteleuropa nur einer kleinen Gruppe von Experten und Naturinteressierten bekannt. Dieser Naturreiseführer will Interesse für diesen vergessenen Winkel Europas wecken und einen Beitrag dazu leisten, die faszinierenden Landschaften der Prespa-Ohrid-Region erlebbar zu machen. Damit verbunden ist auch die Hoffnung, dass naturinteressierte Besucher einen Beitrag zur Erhaltung von Natur und Landschaft in der Region leisten.

Zwischen dem Ohrid-See und den beiden Prespa-Seen besteht ein Höhenunterschied von rund 150 Metern. Dennoch ist der Große Prespa-See durch ein natürliches unterirdisches Entwässerungssystem mit dem Ohrid-See verbunden. Rund 20 Prozent des gesamten Zuflusses in den Ohrid-See wird daraus gespeist. Die Quellen befinden sich im Südosten des Ohrid-Sees und zählen zu den großen Karstquellen Europas.

See inmitten von Gebirgen - der Große Prespa-See.

Der Ohrid-See und die beiden Prespa-Seen sind aber nicht nur besonders alt, sondern zudem isoliert von anderen Seengebieten, und dies hat dazu geführt, dass in diesen Seen eine beachtliche Anzahl von Endemiten – also Arten, die nur hier vorkommen – entstanden ist. Hervorzuheben sind die zahlreichen endemischen Fischarten. Alleine in den beiden Prespa-Seen leben acht davon, darunter die Prespa-Bachforelle, die Prespa-Nase und die Prespa-Barbe. Im Ohrid-See gibt es sogar zehn endemische Fischarten. Von diesen ist die Ohrid-Forelle am stärksten vom Aussterben bedroht.

Auch der weltweit vom Aussterben bedrohte Krauskopfpelikan kommt in sehr großer Zahl vor und zeigt an, dass man es hier nicht nur mit einer Vielzahl an Fischarten, sondern auch mit einem außerordentlichen Fischreichtum zu tun hat. Daneben bietet die Grenzregion mit ihren Bergen und Seen aber auch noch anderen seltenen Vögeln eine Heimat, so etwa der ebenfalls weltweit vom Aussterben bedrohten Moorente sowie Rosapelikan, Zwergscharbe, Kolbenente, Zwergtaucher und Seeadler. Am Großen Prespa-See existiert das südlichste Brutvorkommen des Gänsesägers.

Bild: D. Nill

Die Prespa-Ohrid-Region ist Heimat der bedrohten Krauskopfpelikane.

In den Bergen sind Bären, Wölfe und Balkangämsen heimisch. Auch der sehr stark vom Aussterben bedrohte Balkanluchs hat vermutlich in den Gebirgen um die Seen noch überlebt, obwohl der sichere Nachweis dafür noch aussteht. Insgesamt leben in der Region 25 Fledermausarten, darunter so stark bedrohte wie die Fransen-Fledermaus, Kleiner und Großer Abendsegler sowie die Europäische Bulldoggfledermaus.

Unterstützt von zahlreichen internationalen Organisationen gibt es in der Region seit vielen Jahren ernsthafte Bemühungen um die Erhaltung der fragilen Landschaften als wertvolle Lebensräume für eine vielfältige Pflanzen- und Tierwelt. Im Prespa-Ohrid-Seengebiet wurden inzwischen vier Nationalparke, ein großes Naturschutzgebiet und das Unesco-Weltnaturerbe Ohrid ausgewiesen. Wichtige Impulsgeber für einen noch effizienteren Schutz sind lokal tätige Naturschutzorganisationen, ohne deren Arbeit die aktuellen und noch bevorstehenden Schutzgebietsausweisungen kaum vorstellbar sind. Noch liegen große Aufgaben vor allen Naturschutzakteuren in der Region, und die dringend notwendige grenzüberschreitende Zusammenarbeit gestaltet sich vor dem Hintergrund der politischen Spannungen äußerst schwierig. Deshalb tun sich auch so begrüßenswerte Initiativen wie die Ausweisung des trilateralen Prespa-Parks, der das Ziel hat, das gesamte Einzugsgebiet der Prespa-Seen zu schützen, mit konkreten Umsetzungsschritten sehr schwer. Und das Management in den Nationalparken und Naturschutzgebieten ist in allen drei Ländern noch stark verbesserungsbedürftig und ausbaufähig.

Aber nicht nur die vielfältige Natur, sondern auch die Kulturschätze machen das Ohrid-Prespa-Seengebiet zu einem äußerst lohnenden Reiseziel in Europa. An erster Stelle ist wohl die als Unesco-Welterbe ausgezeichnete Stadt Ohrid am Nordufer des Ohrid-Sees zu nennen. Daneben zählen die eher unscheinbaren Felskapellen am Prespa-See aus byzantinischer Zeit zu den einzigartigen Kulturgütern Europas.

Kirche Sveti Jovan in Ohrid - Unesco-Welterbe der Menschheit.

Bild: M. Schneider-Jacoby

Nicht zuletzt lohnen die sympathischen und gastfreundlichen Menschen in dieser von der jüngeren Geschichte so sehr gebeutelten Region eine Reise. Auch ihnen würde ein sensibel gelenkter Naturtourismus zugutekommen. Allerdings fehlt es fast überall noch an Informationen und Einrichtungen, die Gebietsfremden die Orientierung erleichtern und den in Europa sonst üblichen Mindestkomfort bieten. Auch auf das Angebot von Gruppenreisen kann man kaum zurückgreifen. Unter diesen Umständen bedarf es schon einer gewissen Genügsamkeit sowie Erfahrung mit selbstorganisiertem Reisen, wenn man sich in diese unentdeckte Ecke Europas begibt. Der Aufbau eines sensiblen Naturtourismus aber ist eine wichtige Aufgabe, denn je mehr naturinteressierte Besucher kommen, desto eher wird es gelingen, die einzigartigen Landschaften des Ohrid-Prespa-Seengebietes als wertvolles europäisches Naturerbe dauerhaft zu erhalten.

Der Naturraum im Überblick

Die Balkan-Halbinsel

Die Bezeichnung „Balkan-Halbinsel" wurde schon zu Beginn des 19. Jahrhunderts von dem deutschen Pädagogen, Germanisten und Geographen Johann August Zeune geprägt. Er war davon ausgegangen, dass sich das Balkangebirge über den gesamten südosteuropäischen Raum erstreckt und eine ähnlich prägende Bedeutung für diesen Raum hat wie der Apennin für die italienische Halbinsel. Da sich dies später als falsch herausstellte, kam auch der Begriff der Balkan-Halbinsel in die Kritik und stattdessen wurden die Bezeichnungen Südosteuropäische Halbinsel oder Südosteuropa entwickelt. Beide konnten sich jedoch nicht wirklich durchsetzen, so dass auch heute noch immer von der Balkan-Halbinsel gesprochen wird.

Karte: Westermann, Diercke Weltatlas 2008

Die gesamte Balkan-Halbinsel ist eine stark von Gebirgen geprägte Region. Die Dinariden streichen von Nordwesten nach Südosten und sind ein jungalpidisches Gebirge, das zu den das Mittelmeer umgebenden Faltengebirgen zählt. Das Dinarische Gebirge erhebt sich nahe der östlichen Adriaküste und bildet eine wichtige Klimascheide. Aufgrund ihres Anteils an mächtigen Kalksteinschichten sind die Dinariden in vielen Bereichen stark verkarstet.

Den Südosten der Balkan-Halbinsel durchziehen in West-Ost-Richtung die Rhodopen. Etwas weiter im Norden verläuft das Balkangebirge. Beide Gebirgszüge sind geologisch älter als die Dinariden und überwiegend aus Graniten und Schiefern aufgebaut. Westlich der Rhodopen liegen die vor allem aus kristallinen Gesteinen bestehenden Gebirge Pirin und Rila.

Bild: G. Willinger

Blick ins bulgarische Piringebirge, das als Nationalpark geschützt ist.

Während der Eiszeiten des Pleistozäns waren nur die Hochgebirge der Balkan-Halbinsel vergletschert. Deshalb sind in den Hochlagen der Dinariden sowie auch in Pirin und Rila zahlreiche deutliche Glazialspuren wie kleine Gletscherseen, Kare und Moränen zu erkennen.

Das Zentrum der Balkan-Halbinsel ist gekennzeichnet durch das Nebeneinander von Hochgebirgen und Becken. Diese Beckenlandschaften sind teils durch tektonische Absenkungen, teils durch Poljenbildung enstanden.

Beim sogenannten Amselfeld im Kosovo sowie dem Becken von Tetovo in Mazedonien handelt es sich ebenso um tektonische Becken wie beim Prespa-Becken und dem Ohrid-Becken, in welchen die beiden Prespa-Seen und der Ohrid-See mit tertiärem Ursprung liegen.

Viele Landschaften auf der Balkan-Halbinsel sind verkarstet.
Als Karstlandschaften werden bezeichnet:

- kahle, boden- und vegetationsarme Landschaften, vor allem der Dinariden
- durch Lösungsverwitterung im Kalk, Gips und Dolomit entstandener Landschaftstyp mit einer sich hieraus ergebenden Geomorphologie, die sich vor allem durch folgende Eigenschaften auszeichnen:
  - es fehlen breite Flusstäler und Oberflächengewässer sind selten;
  - es bilden sich große unterirdische Hohlraumsysteme, in denen teilweise auch Wasser fließt;
  - große Quellen am Fuß von Gebirgen, die durch unterirdische Wasserläufe gespeist werden;
  - Einbruchstrichter, die auch als Dolinen bezeichnet werden;
  - durch oberflächliche Lösungsverwitterung entstandene Steinformen, die als Karren und Schratten bezeichnet werden.

Karrenbildung: Typische Lösungsverwitterung von Kalkgestein.

Bild: G. Schwaderer

Karstlandschaften entstehen durch Verkarstung. Darunter versteht man:

- den auf Lösungsverwitterung basierenden Prozess, der zur Ausbildung des geomorphologischen Landschaftstyps Karst führt;
- den Prozess der Rodungen im Mittelmeerraum mit anschließender Bodenerosion und der Freilegung von kahlen Kalkfelsen.

Karstpoljen sind wannenartige, flache Hohlformen, deren Untergrund aus unlöslichen Sedimenten und Verwitterungsschichten besteht und eine Abdichtung des Talbodens bewirkt. Poljen haben in der Regel weder einen oberirdischen Zu- noch Abfluss. Wenn es in einem solchen Becken zu einer Überstauung, vor allem mit kohlensäurereichem Wasser kommt, bewirkt dies eine Lösungsverwitterung an den seitlich angrenzenden Kalkbergen. Diese seitliche Korrosion führt über lange Zeiträume zu einer immer größeren Ausdehnung der Polje. Nur selten handelt es sich bei Poljen um tektonische Einbruchsbecken mit einer nachträglichen Karstüberformung.

Entstehung der Seen und Gebirge in der Prespa–Ohrid–Region

Die variskische und die alpidische Gebirgsbildung haben ihre Spuren in der Prespa-Ohrid-Region hinterlassen. Das Grundgebirge ist bereits im Erdaltertum und Erdmittelalter entstanden. Insbesondere die östlich des Großen und Kleinen Prespa-Sees liegenden Gebirge sind schon in der variskischen Gebirgsbildung, also während des Karbons, aufgefaltet worden. In der mittleren Trias, vor rund 200 Millionen Jahren, war die gesamte Prespa-Ohrid-Region vom Tethys-Meer bedeckt. In dieser Zeit entstanden Kalksteinsedimentschichten von bis zu 500 Metern Mächtigkeit, die das anstehende Grundgebirge überlagern. Diese Kalksteinschichten wurden dann – nachdem sich das Tethys-Meer zurückgebildet hatte – vor allem im Tertiär während der jüngeren alpidischen Gebirgsbildungsphasen stark aufgefaltet. Dadurch sind viele Gesteinspakete gebrochen und zerklüftet sowie durch Lösungsverwitterung stark verkarstet. Auch das Ohrid-Becken ist in einer jungen Phase der alpidischen Gebirgsbildung entstanden und bildet einen Graben, der sich von der Ebene um Korca im Süden bis nördlich des Ohrid-Sees erstreckt. Der Ohrid-See ist im Osten und im Westen von Gebirgen begrenzt, so dass hier eine so genannte Horst-Graben-Struktur zu erkennen ist. Dies unterstreichen auch die ziemlich gerade verlaufenden Uferlinien und das trapezförmige Profil des Ohrid-Sees. Verursacht ist diese Horst-Graben-Struktur im Pliozän durch eine Verwerfung, die durch eine kräftige Hebung von Gesteinspaketen ausgelöst wurde. Bis heute wirken diese Prozesse noch fort: die Höhenzüge werden weiter aufgefaltet und die Becken sinken weiter ab. Im ganzen mazedonisch-albanischen Korridor ist die Korca-Ohrid-Zone seismisch am aktivsten. Das letzte wirklich schwere Erbeben ereignete sich im Jahr 1911; das Epizentrum befand sich ganz in der Nähe des Ohrid-Sees.

Im frühen Quartär, also im Zeitalter der Eiszeiten, ereignete sich ein weiterer sehr wichtiger Vorgang, nämlich die Vergletscherung der Höhenlagen, deren Spuren in den Gebirgen noch vielerorts zu sehen sind. Besonders auffällig sind die Karseen im Baba-Gebirge, aber auch im Jablanica-Gebirge. Auch in der letzten Eiszeit, der so genannten Würm-Eiszeit, die vor rund 10.000 Jahren zu Ende ging, waren die meisten Gipfel im Prespa-Ohrid-Gebiet vergletschert.

Bild: G. Schwaderer

Klarer Beleg einer Vergletscherung: der Golemo-See im Baba-Gebirge.

Bild: Dr. Knaue

Eines der ältesten Seensysteme der Welt

Der Ohridsee und die beiden Prespa-Seen sind sogenannte tektonische Seen, die durch die Dehnung der Erdkruste in der sich dadurch entwickelnden Grabenstruktur entstanden sind. Der größte und bekannteste tektonische See der Welt ist der Baikalsee in Russland. Er wird auf ein Alter von 20 bis 40 Millionen Jahren geschätzt und er ist mehr als 1.600 Meter tief. In diesen Bereich der Superlative dringen der Ohrid-See und die beiden Prespa-Seen zwar nicht vor. Aber auch sie bringen es auf ein Alter von mehr als zwei Millionen Jahre und der Ohrid-See auf eine Tiefe von immerhin rund 290 Metern. Manche Autoren geben für den Ohrid-See und den Großen Prespa-See sogar ein Alter von bis zu 35 Millionen Jahren an. Unstrittig ist, dass beide Seen im Tertiär (vor 65 bis zwei Millionen Jahren) entstanden sind. In jedem Fall zählen die Seen der Prespa-Ohrid-Region also weltweit zu den ältesten Seen. Zum Vergleich: Der Bodensee als einer der größten Seen Europas bringt es in seiner heutigen Form gerade einmal auf ein Alter von 10.000 Jahren.

Seen leben in der Regel nicht ewig, sondern altern relativ schnell, denn das Material, das über die Zuflüsse in einen See transportiert wird, verbleibt dort, und über die Jahrtausende oder Jahrmillionen führt dies zur Verlandung. Dazu kommt noch, dass die organische Masse, die im See wächst, nach dem Absterben auf den Seegrund absinkt und somit die Verlandung beschleunigt. Anders verhält es sich bei Seen in Gebieten mit hoher tektonischer Aktivität. Dort sinkt der Seegrund in der Regel ab oder weitet sich aus, wodurch die Verlandungsprozesse zumindest teilweise kompensiert werden. Meist sind tektonische Seen zudem sehr tief, was den Verlandungsprozess weiter verzögert.

Bild: M. Schneider-Jacoby

Der Große Prespa-See ist ein tektonischer See und einer der ältesten Seen weltweit.

Gebirge umrahmen die Seen

Im Osten des Großen Prespa-Sees in Mazedonien liegt der mächtige Baba-Gebirgszug, der aus verschiedenen Schiefergesteinen und Granit aufgebaut ist. Sein höchster Gipfel, der Pelister, ist auch der höchste Gipfel der Region. Er erreicht eine Höhe von 2.601 Metern über dem Meeresspiegel. Außerdem befinden sich hier mit dem Musa (2.351 m) und dem Vrteska (2.010 m) zwei weitere sehr hohe Gipfel. Im Nordosten des Baba-Gebirges erhebt sich der Bigla auf 1.990 Meter, an den sich die Gebirgszüge Plakenska und Ilinska anschließen. Südlich, bereits in Griechenland, grenzt das Baba-Gebirge an das Varnous-Gebirge an. Sein höchster Gipfel, der Bellavodha, ragt 2.177 Meter hoch. Von hier aus erstreckt sich dann das Triklario-Gebirge, das die östliche und südliche Flanke des Kleinen Prespa-Sees bildet. Im Norden dieses Gebirgsmassivs liegt sein höchster Gipfel, der Kalo Nero (2.156 Meter). Die Berge im Süden des Kleinen Prespa-Sees erreichen immerhin auch noch zwischen 1.400 und 1.750 Meter.

Im Nordwesten des Großen Prespa-Sees erhebt sich mit dem Magaro (2.255 Meter) der höchste Gipfel des Galicica-Gebirgsmassivs. Südlich, schon auf albanischem Gebiet, schließt sich der Gebirgszug Mali e Thate (wörtlich übersetzt: Trockene Berge) mit seinem höchsten Gipfel, dem Pllaja e Pusit, an, der 2.288 Metern über dem Meer aufragt. Zum Mali e Thate gehören noch weitere über 2.000 Meter hohe Berge. Ein in einigen Karten verzeichneter Gipfel ist der markante Bregu i Stanit mit einer Höhe von 1.912 Metern über dem Meeresspiegel. Der in Albanien Mali e Thate und in Mazedonien Galicica genannte Gebirgszug trennt den Großen Prespa-See vom Ohrid-See. Er ist aus mächtigen Kalksedimentschichten der Triaszeit aufgebaut, die das paläozoische Grundgestein, das vor allem aus Schiefern besteht, überlagern. In der Kalksteinschicht hat sich durch Lösungsverwitterung ein umfangreiches Karstsystem ausgebildet. Das Oberflächenwasser verschwindet in zahllosen kleinen sogenannten Schlucklöchern und tritt meist nach einer längeren unterirdischen Fließstrecke irgendwo an anderer Stelle wieder aus. Oberflächige Abflüsse sind in Karstsystemen sehr selten und wenn es sie doch gibt, dann handelt es sich meist um kleine und kurze Bäche.

Ländergrenze

Wassereinzugsgebiets-grenze (oberirdisch)

■ **Städte**
● **Orte**

See-Oberfläche im August 2000

See-Oberfläche trocken seit 1988

Crni Drim

Sateska

Struga

OHRID

RESEN

Istoka

Mazedonien

Golemo

Galicica

Otesevo

Asamati

Pretorksa

Pelister

Großer Prespa-See

Kurbinovo

Pretor

Krankska

Hudenisht

Stenje

Kranj

Brajcinska

POGRADEC

Sveti Naum

Gorica

Brajcino

Tusemisht

Zavir Bucht

Psarades

Cerrave

Agios Germanos

Drdhas

Mali e Thate

Vreshtas

Liqenas

Kleiner Prespa-See

Mikrolimni

Pirg

Vrondero

Albanien

MALIQ

Devoli

Poljan

Tren

Griechenland

Karte: K. Sauer

Mali e Thate: Gebirgszug im albanischen Prespa-Nationalpark.

Bild: G. Schwaderer

Der Große und der Kleine Prespa-See werden durch einen sandigen Schwemmfächer und durch einen Bergrücken voneinander getrennt; über ihn verläuft die griechisch-albanische Grenze. Seine höchsten Erhebungen in Griechenland sind: Tsoutsouli (1.457 m) und Devas (1.373 m). Auf seiner albanischen Seite befinden sich die Berge Rakicka, Cerje und Llaphisti; der höchste Gipfel hier ist der Mali e Ivanit mit 1.763 Metern über dem Meeresspiegel.

Im Westen des Ohrid-Sees liegt auf albanischem Gebiet der Mokra-Gebirgszug, dessen höchste Gipfel aber nur wenig mehr als 1.500 Meter erreichen. Nördlich davon erstreckt sich das Jablanica-Gebirge, dessen Grat in vielen Abschnitten die Grenze zwischen Albanien und Mazedonien bildet. Die höchsten Gipfel hier sind der Crn Kamen mit 2.257 und der Strizhek mit 2.233 Metern über dem Meeresspiegel. Westlich des Jablanica-Gebirges schließt sich in Albanien das Shebenik-Gebirge an. Der geologische Aufbau des Jablanica-Shebenik-Gebirges entspricht im Wesentlichen demjenigen von Galicica und Mali e Thate. Besonders hervorzuheben sind vier Gletscherseen und fünf ausgeprägte Kare. Der höchste Gipfel im Shebenik-Gebirge ist der Shebenik mit 2.253 Metern über dem Meeresspiegel.

Ohrid-See, Großer und Kleiner Prespa-See – eingebettet zwischen hohen Gipfeln

Umgeben von den genannten hohen Gebirgszügen liegen die beiden miteinander verbundenen Prespa-Seen, der Große und der Kleine Prespa-See. Beide Seen sind an den tiefsten Punkten eines sich im Gebirge befindlichen Beckens entstanden. Der Große Prespa-See, dessen Wasserspiegel derzeit ungefähr 844 Meter über dem Meeresspiegel liegt, hat keinen oberirdischen Abfluss, entwässert aber unterirdisch in den rund 150 Meter tiefer und westlich gelegenen Ohrid-See.

Bild: G. Schwaderer

Abfluss des Ohrid-Sees: Schwarzer Drin bei Struga.

Der Wasserspiegel des Ohrid-Sees wird seit 1962 durch ein Wehr am einzigen Abfluss, dem Schwarzen Drin bei Struga, ungefähr bei einem Stand zwischen 691,5 und 693 Metern über dem Meeresspiegel konstant gehalten. Der Grund für die Regulierung des Wasserstands im Ohrid-See ist die Nutzung des Schwarzen Drins zur Stromerzeugung. Albanien und Jugoslawien hatten sich deshalb schon vor dem Bau des Wehrs vertraglich über die Art und den Umfang der Regulierung verständigt. Bei Struga verlassen im Mittel rund 22 Kubikmeter Wasser pro Sekunde den Ohrid-See; das entspricht rund zwei Dritteln des gesamten Wasserverlustes. Aufgrund der Regulierung schwankt der Wasserspiegel des Ohrid-Sees im Jahresgang nur zwischen 30 und 80 Zentimetern.

Aufzeichnungen über die Wasserstände vor dem Bau des Wehres fehlen bzw. sind unvollständig. Daher kann nicht verlässlich gesagt werden, wie sich der Wasserstand früher im Jahresverlauf änderte. Es ist aber davon auszugehen, dass die Schwankungen früher größer waren, denn im Winter fallen in den Höhenlagen erhebliche Schneemengen, die den Wasserspiegel unter natürlichen Bedingungen im Frühjahr und Frühsommer deutlich ansteigen lassen würden. Einen Hinweis darauf geben die Schwankungen der Karstquellen von Vevchani am Fuße des Jablanica-Gebirges, die im Frühsommer bis zu sieben Kubikmeter Wasser pro Sekunde, im Hochsommer hingegen nur noch einen halben Kubikmeter Wasser pro Sekunde schütten.

Der Ohrid-See ist rund 290 Meter tief und erstreckt sich auf 357 Quadratkilometer Fläche; davon gehören 249 Quadratkilometer zu Mazedonien und rund 108 Quadratkilometer zu Albanien. Beide Prespa-Seen haben zusammen nur eine Fläche von 299 Quadratkilometern, wobei der Große Prespa-See 254 Quadratkilometer und der Kleine Prespa-See gerade einmal 45 Quadratkilometer umfasst. Problematisch ist, dass sich der Wasserstand im Großen Prespa-See - und damit einhergehend auch seine Größe und Wassertiefe - in den letzten Jahrzehnten stark verändert hat. Laut einer im Jahr 2006 erschienenen Publikation von Matzinger beträgt die tiefste Stelle am Großen Prespa-See 48 Meter, am Kleinen Prespa-See dagegen nur rund acht Meter. Nur vier Quadratkilometer des Kleinen Prespa-Sees gehören zu Albanien und rund 41 Quadratkilometer zu Griechenland. Die Wasserfläche des Großen Prespa-Sees teilen sich Griechenland (37 Quadratkilometer), Albanien (44 Quadratkilometer) und Mazedonien (173 Quadratkilometer). Im Kleinen und Großen Prespa-See liegen jeweils zwei Inseln: Agios Achillos und Vidronisi befinden sich im griechischen Teil des Kleinen Prespa-Sees, Golem Grad im mazedonischen und Mali Grad im albanischen Teil des Großen Prespa-Sees.

Prespa-Westufer südlich Gorice e Vogel

Bild: G. Schwaderer

Der Ohrid-See ist in physikalischer Hinsicht einzigartig. Mit 55 Kubikkilo-
metern hat er das 1,15fache Volumen des Bodensees und dies, obwohl seine
Oberfläche um ein Drittel kleiner ist. Der geringe Niederschlag und das kleine Einzugsgebiet mit wenigen Zuflüssen (zum Vergleich: Das Einzugsgebiet
des Bodensees ist mit rund 11.500 Quadratkilometern rund dreimal so groß
wie das des Ohrid-Sees und der beiden Prespa-Seen) sorgen gemeinsam
mit dem großen Volumen für eine sehr lange Verweildauer des Wassers im
Ohrid-See. Es erneuert sich nur alle 70 Jahre. Auch innerhalb des Sees sind
die Austauschprozesse stark verlangsamt. Im Mittel durchmischt sich das
Seewasser über die gesamte Wassersäule nur alle sieben Jahre. Der Ohrid-
See wird daher auch als oligomiktischer See bezeichnet, also als See, der
nur gelegentlich vollständig zirkuliert. Typisch dafür ist die Ausbildung der
sehr stabilen Thermokline (Übergang von Wasserschichten unterschiedlicher Temperatur), die sich in rund 150 Metern Tiefe befindet. Im Tiefenwasser (Hypolimnion) kommt noch eine sehr stabile Schichtung durch einen
Salzgehalts-Gradienten hinzu, der die Trennungswirkung verstärkt.

Ein weiteres besonderes Kennzeichen des Ohrid-Sees ist die Klarheit des Wassers und damit einhergehend eine sehr große Sichttiefe. So kann sogar in 150 Metern Tiefe noch aktives Chlorophyll nachgewiesen werden. Und vor allem die Schichten in der Wassertiefe von 20 bis 40 Metern weisen im Sommer die höchste biologische Produktion auf. Voraussetzung hierfür ist das sehr tiefe Eindringen des Sonnenlichts in den Wasserkörper, das die Photosynthese ermöglicht. Mit der sogenannten Secchi-Scheibe wird die Sichttiefe in Seen gemessen. Als Faustregel gilt, dass die dreifache Secchi-Sichttiefe die Zone ist, in der noch Photosynthese möglich ist. Im Ohrid-See weist diese Messung regelmäßig einen Wert von rund 15 Metern auf. Voraussetzung für solch ungewöhnlich hohe Sichttiefen ist die Nährstoffarmut im Ohrid-See. Hier werden nur rund 4,5 mg Phosphor pro Kubikmeter Wasser gemessen.

Allerdings hat die Sichttiefe im Ohrid-See in den letzten Jahren aufgrund zunehmender Eutrophierung abgenommen. Schreitet dieser Prozess fort, wird sich das sehr nachteilig insbesondere auf endemische Phytoplanktonarten, die sich an die Nährstoffarmut angepasst haben, auswirken.

Bild: G. Schwaderer

Der Ohrid-See ist weltweit einer der klarsten Seen.

Über die Limnologie der beiden Prespa-Seen ist wesentlich weniger bekannt. Das wird schon an den sehr unterschiedlichen Angaben über die Größe des Einzugsgebiets deutlich. So gehen verschiedene Autoren beim Großen Prespa-See von einem Einzugsgebiet zwischen 822 bis 1.775 Quadratkilometern aus. Unumstritten ist jedoch, dass sich der Große Prespa-See deutlich vom Ohrid-See unterscheidet. Ersterer ist mit 48 Metern längst nicht so tief, und weist vor allem nur wenige Stellen mit einer Tiefe von mehr als 30 Metern auf. Die mittlere Tiefe des Großen Prespa-Sees liegt bei rund 18 Metern. Das Volumen des Sees beträgt rund 3,6 Kubikkilometer. Im Sommer wird die Vollzirkulation aufgrund der Ausbildung einer Thermokline in ungefähr 15 bis 20 Metern Wassertiefe zwar unterbunden, aber in den Monaten von Oktober bis April ist die vollständige Durchmischung des Wasserkörpers möglich. Inzwischen zirkuliert der Große Prespa-See aufgrund seiner wesentlich geringeren Wassertiefe jährlich mehrfach. Aus einem monomiktischen ist ein polymiktischer See geworden. Obwohl er keinen Abfluss hat, erneuert sich das Wasser im See ungefähr alle elf Jahre.

Der Kleine Prespa-See war bis Mitte der 1990er Jahre ein dimiktischer See, wie Studien aus dem Jahr 1994 zeigen. Inzwischen ist der Wasserspiegel des Kleinen Prespa-Sees jedoch gesunken und wird deshalb nun häufiger durchmischt. In flacheren Seen der gemäßigten Breiten kann das Metalimnion bis zum Grund reichen und es bildet sich kein homogen 4 Grad Celsius kaltes Hypolimnion (Tiefenschicht) aus. In solchen Seen sind im Sommer mehrere Vollzirkulationen durch Konvektion oder Windkraft möglich. Sie werden auch als pleiomiktische oder polymiktische Seen bezeichnet.

Die Zirkulation im See

Seen werden nach ihrem Zirkulationsverhalten typisiert. Findet in einem See pro Jahr eine Vollzirkulation statt, wird er als monomiktisch bezeichnet. Es gibt aber auch Seen, die zweimal im Jahr (dimiktisch) oder häufiger durchmischen (polymiktisch). Seen, die wie der Ohrid-See nicht jedes Jahr eine Vollzirkulation erreichen, werden als oligomiktisch bezeichnet.

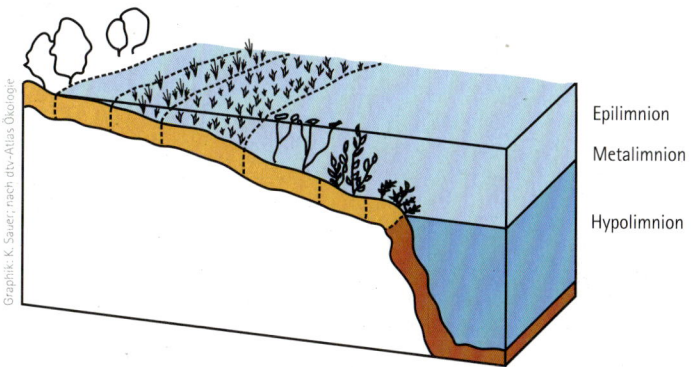

Graphik: K. Sauer, nach dtv-Atlas Ökologie

Epilimnion

Metalimnion

Hypolimnion

Tiefere Seen bilden im Sommer in der Regel eine thermische Sperrschicht, die so genannte Thermokline, aus, die den Übergang von Wasserschichten unterschiedlicher Temperatur verhindert. Dadurch unterbleibt die vollständige Zirkulation des Wassers und es entsteht eine stabile Wasserschichtung im Seekörper. Die Ausbildung einer Thermokline hängt mit der Dichteanomalie des Wassers zusammen. Wasser hat bei vier Grad Celsius die höchste Dichte und sinkt daher an den Seegrund. Weniger dicht ist wärmeres wie auch kälteres Wasser. Deshalb hat im Sommer das wärmere Wasser und im Winter das kältere Wasser Auftrieb und steigt an die Seeoberfläche. In geschichteten Seen kann eine vollständige Zirkulation nur dann stattfinden, wenn die gesamte Wassersäule die gleiche Temperatur aufweist. Da sich in unseren Breiten die Deckschicht von Seen im Sommer sehr stark erwärmt, bildet sich in tieferen Seen in der Regel eine Sperrschicht. Dieser Zustand wird dann auch als Sommerstagnation bezeichnet. Um eine vollständige Zirkulation zu erreichen, muss sich die Deckschicht (Epilimnion) erst wieder stark abkühlen.

Die Deckschicht (Epilimnion) ist lichtdurchflutet und hat aufgrund der hier stattfindenden biologischen Produktion einen hohen Sauerstoffgehalt. In der Tiefenschicht (Hypolimnion) herrscht vollständige Dunkelheit. Daher ist dort Photosynthese nicht möglich und der Sauerstoffgehalt relativ niedrig. Das Metalimnion, auch Sprungschicht genannt, ist die Übergangswasserschicht, in der sich Thermoklinen ausbilden.

Die Zirkulation in Seen ist also von großer Bedeutung, da sie auch den chemischen Haushalt und damit die Sauerstoffverteilung reguliert. Nur die vollständige Durchmischung des Wasserkörpers kann die Tiefenschicht (Hypolimnion) mit Sauerstoff versorgen, weil hier aufgrund der Dunkelheit keine Sauerstoff erzeugende pflanzliche Produktion stattfindet. Sauerstoff aber ist wichtig für den aeroben Abbau von abgestorbener und abgesunkener Biomasse. Sinkt der Sauerstoffgehalt in der Tiefenschicht zu stark ab, kommt es zu anaeroben Abbauprozessen, bei welchen toxische Stoffe, vor allem Schwefelwasserstoff, frei werden. Aus einem artenreichen See entsteht so ein lebensfeindliches Gewässer. Man spricht dann auch davon, dass ein See umkippt.

Der Wasserspiegel des Großen Prespa-See ist dramatisch zurückgegangen. Das hat sich auch auf die Zirkulation des Sees ausgewirkt.

Bild: G. Schwaderer

Die Zuflüsse der Seen

Das Einzugsgebiet des Großen Prespa-Sees umfasst - inklusive der Seefläche selbst - rund 2.295 Quadratkilometer, das des Kleinen Prespa-Sees nur 234 Quadratkilometer. Beim Ohrid-See ist das Einzugsgebiet zusammen mit der Seenfläche seit der Umleitung des inzwischen am Nordufer einmündenden Sateska rund 1.485 Quadratkilometer groß (vor diesem Eingriff in die Hydrologie war es etwa 480 Quadratkilometer kleiner). Streng genommen ist auch das Prespa-Einzugsgebiet dem des Ohrid-Sees zuzurechnen, da der Große Prespa-See unterirdisch in den Ohrid-See entwässert. Alles in allem umfasst das gesamte Einzugsgebiet des Ohrid- und Prespa-Seensystems - inklusive der Seenflächen - ungefähr 4.000 Quadratkilometer. Eine wirklich exakte Größenangabe ist allerdings nicht möglich, denn in Gegenden mit anstehendem Kalkgestein gibt es aufgrund der vielen Schlucklöcher und unterirdischen Abflüsse neben der oberirdischen auch eine unterirdische Wasserscheide, deren genaue Lage sich aber nur sehr schwer bestimmen lässt.

Der Ohrid-See wird durch viele kleine und größere Bäche gespeist. Der größte Zufluss ist heute der Sateska mit durchschnittlich rund sechs Kubikmetern pro Sekunde. Bis 1962 entwässerte er nicht in den Ohrid-See, sondern direkt in den Schwarzen Drin, bevor sein Lauf künstlich verlegt wurde. Unter anderem wollten die Wasserbau-Ingenieure damit erreichen, dass die Sedimentfracht des Sateska in den Ohrid-See und nicht mehr in die Stauseen am Schwarzen Drin transportiert werden sollte. Dies aber zog die Zerstörung der wichtigsten Laichgebiete der Ohrid-Forelle am Nordufer des Ohrid-Sees nach sich.

Bild: G. Schwaderer

Blick aus dem Jablanica-Gebirge auf das Nordufer des Ohrid-Sees.

Östlich der Stadt Ohrid mündet der Koselska in den Ohrid-See. Mit über zwei Kubikmetern pro Sekunde ist er der zweitgrößte Zufluss, während sich der drittgrößte, der Cerava, mit einem durchschnittlichen Zufluss von 1,5 Kubikmetern pro Sekunde in den südlichen Teil des Ohrid-Sees ergießt. Der wichtigste Zufluss aber kommt aus dem rund 150 Meter höher gelegenen Großen Prespa-See. Schon im Jahr 1906 hat der serbische Geograph Jovan Cvijić die These aufgestellt, dass Wasser aus dem Großen Prespa-See über einen unterirdischen Zufluss in den Ohrid-See gelangt, was inzwischen durch Tracer-Untersuchungen (meist werden bei solchen Analysen farblich oder radioaktiv markierte Stoffe verwendet) bestätigt werden konnte. Tatsächlich ist davon auszugehen, dass rund 20 Prozent des gesamten Zuflusses in den Ohrid-See aus dem Großen Prespa-See stammt. Das Wasser tritt vor allem im Süden des Ohrid-Sees in den zahlreichen Quellen bei Sveti Naum in Mazedonien und Drilon in Albanien aus. Rund die Hälfte dieses Quellwassers stammt aus dem Großen Prespa-See. Die andere Hälfte des Wassers, das bei den Ohrid-Quellen zu Tage tritt, kommt aus dem Gebirgszug Mali e Thate bzw. Galicica, der den Großen Prespa-See vom Ohrid-See trennt. Die Landschaft ist sehr arm an Oberflächenwasser, weil es hier wie in allen Karstsystemen so gut wie keine oberflächigen Abflüsse gibt; das Wasser versickert in zahlreichen Schlucklöchern und wandert durch das poröse Gestein, um dann an anderer Stelle wieder eine Quelle zu speisen. Das wichtigste Schluckloch befindet sich zwischen Gorice e Vogel und Gollomboc und wird als das Zaveri-Schluckloch bezeichnet.

Bild: G. Schwaderer

Der wichtigste Abfluss aus dem Großen Prespa-See versickert im Zaveri-Schluchloch.

Die Quellen des Schwarzen Drin bei Sveti Naum.

Bild: G. Schwaderer

Die wichtigsten Zuflüsse des Großen Prespa-Sees auf der mazedonischen Seite sind Golema, Istocka, Pretorska und Brajcino. Auf griechischem Gebiet des Großen Prespa-Sees existiert ein nennenswerter Zufluss, der Agios Germanos, der allerdings im Sommer nur ein kleines Rinnsal darstellt. Bis in die 1930er Jahre floss er in den Kleinen Prespa-See, wurde dann aber in den Großen Prespa-See umgeleitet. Vor diesem Eingriff in das hydrologische System hat der Agios Germanos über Jahrtausende hinweg den sandigen Schwemmfächer aufgeschüttet, der den Kleinen vom Großen Prespa-See trennt. Diese Sandbarriere ist ungefähr vier Kilometer lang und mit ihren Verlandungsbereichen im Kleinen Prespa-See mehr als einen Kilometer breit.

Neben dem umgeleiteten Agios Germanos gibt es in Griechenland noch einen weiteren wichtigen Zufluss in den Großen Prespa-See, den Stara. Außerdem treten im gesamten Seegebiet zumindest temporäre Quellen unter dem Wasserspiegel auf. Eine solche Quelle wurde zum Beispiel mehrfach rund fünf Kilometer östlich des mazedonischen Ortes Otesevo am Großen Prespa-See in einer Wassertiefe von rund acht Metern festgestellt. Solche Beobachtungen sind in der Regel nur im Winter möglich, wenn das Quellwasser wärmer ist als das Seewasser.

Die Niederschläge fallen in der Region vor allem von Oktober bis Mai
- dann oft als Schnee.

Bild: R. Knauer

Warme und trockene Sommer – kalte und schneereiche Winter

Das Klima der Prespa- und Ohrid-Region ist kontinental mit mediterranen
Einflüssen und geprägt durch warme, aber nicht heiße Sommer sowie
durch kalte und feuchte Winter mit ergiebigen Schneefällen.

Die Wetterstation Pogradec am albanischen Ufer des Ohrid-Sees weist
für den Monat Januar eine Mitteltemperatur von 2,1 ° Celsius und für
den Monat Juli von 20,8 ° Celsius aus. Die Niederschläge liegen in Pogradec bei rund 750 mm im Jahr. In den meisten Ortschaften, die direkt
an den Seen liegen, regnet es im Jahr durchschnittlich zwischen 700
und 800 mm. In den höheren Lagen können aber deutlich mehr Niederschläge auftreten. In Vevchani etwa, am Fuße des Jablanica-Gebirges,
liegt der Jahresniederschlag bei rund 1.200 mm und auch in Gorica e
Madhe am Fuße des Mali e Thate werden 900 mm erreicht.

In den Sommermonaten gibt es kaum Niederschläge -
die Vegetation und Böden trocknen dann stark aus.

Bild: G. Schwaderer

Niederschläge fallen vor allem von Oktober bis Mai, wogegen die Monate
Juni bis September sehr trocken sind. Schnee fällt je nach Höhenlage
zwischen Oktober und April und es kann auch in den tiefen Lagen um die
Prespa-Seen zu Schneehöhen zwischen 30 und 50 Zentimetern kommen.

Im griechischen Prespa-Gebiet gibt es insgesamt fünf Klimastationen,
wobei diejenige in Koula die längste und beste Messreihe zur Verfügung
stellt. Demnach liegt die Januar-Temperatur hier im langjährigen Mittel
bei 2 ° Celsius und die Juli-Temperatur bei rund 21 ° Celsius. Die jährlichen
Niederschlagsmengen werden für den Zeitraum von etwa 1960 bis 1990
mit zwischen 530 und 690 mm variierend angegeben.

Wasserspiegelschwankungen am Großen und Kleinen Prespa-See

Der Wasserspiegel des Großen Prespa-Sees unterlag in den letzten Jahren starken Schwankungen. Bei diesen Betrachtungen ist zu beachten, dass die Pegel in den drei Ländern Albanien, Griechenland und Mazedonien unterschiedliche Referenzpunkte verwenden und nicht aufeinander abgestimmt sind. Zudem konnten sich die lokalen Experten bisher nicht auf eine einheitliche Sichtweise einigen. Hier werden daher die Angaben von Matzinger aus dem Jahr 2006 verwendet. Während der Wasserstand 1988 noch bei 854 Metern über dem Meeresspiegel lag, setzte in den Folgejahren ein starker Rückgang ein. Im Jahr 2004 wurde nur noch ein Wasserstand von rund 845 Metern über dem Meeresspiegel erreicht und blieb dann (nach eigenen Beobachtungen) zwei Jahre lang etwa auf diesem Niveau. Messwerte aus Griechenland weisen jedoch seit 2007 einen weiteren Rückgang aus; im Sommer 2008 lagen sie sogar rund 80 Zentimeter unter den Werten des Vorjahres, so dass in der Region ein weiterer drastischer Rückgang des Wasserspiegels befürchtet werden muss. Diese Entwicklung zog auch eine Verkleinerung des Großen Prespa-Sees nach sich. Auswertungen von Satellitendaten aus dem Jahr 1988 haben ergeben, dass der See damals noch rund 275 Quadratkilometer Fläche aufwies und somit mindestens 20 Quadratkilometer größer war als heute. Besonders gravierend wirkte sich der Flächenverlust am Großen Prespa-See in den ohnehin raren Flachwasserzonen aus. Vor allem die Röhrichtflächen im Norden und Osten des Großen Prespa-Sees haben unter dieser Entwicklung dramatisch gelitten und an Ausdehnung eingebüßt.

Bild: G. Schwaderer

Bald ein See ohne Wasser? Das Nordufer des Großen Prespa-Sees bei Ezerani ist trocken gefallen.

Das Steilufer bei Psarades (GR) und der Pegel bei Pretor (MK) zeigen, daß der Wasserstand des Großen Prespa-Sees schon viel höher war.

Bilder: G. Schwaderer

Im Gegensatz zum Großen Prespa-See blieb der Wasserstand am Kleinen Prespa-See seit dem zweiten Weltkrieg ziemlich konstant. Bis 1962 lag der Wasserspiegel des Kleinen Prespa-Sees immer etwas höher als der des Großen Prespa-Sees. Im Juni 1963 wiesen beide Prespa-Seen den gleichen und höchsten bekannten Wasserstand auf. Wahrscheinlich bildeten sie zu diesem Zeitpunkt und für die darauf folgenden zwei Jahre aufgrund des hohen Wasserstands sogar einen gemeinsamen Wasserkörper. Verlässliche Aussagen gibt es hierzu aber nicht. Auch als der Wasserstand im Großen Prespa-See dann Mitte der 1970er Jahre dramatisch absank, behielt der Kleine Prespa-See seinen hohen Wasserstand von rund 853 Metern über dem Meeresspiegel. Im Jahr 1969 wurde ein Wehr in die Barriere zwischen dem Großen und dem Kleinen Prespa-See eingebaut, das Anfang der 1990er Jahre bei einer Überschwemmung zerstört wurde. Als dann im Jahr 2000 die Bewässerung der Maliq-Ebene bei Korca mit Wasser aus dem Kleinen Prespa-See eingestellt wurde, verhielten sich die jährlichen Wasserstandsschwankungen in beiden Prespa-Seen ungefähr gleich. Äußerst problematisch ist aber, dass der Wasserspiegel des Kleinen Prespa-Sees derzeit rund acht bis zehn Meter höher liegt als der des Großen Prespa-Sees (im April 2004 waren es dagegen nur etwas mehr als sechs Meter).

In Karstlandschaften versickert Wasser in sogenannten Schicklöchern.
Durch die kalklösende Wirkung des Wassers entstehen unterirdische Abflüsse.
Hier das Schluckloch Zaveri im albanischen Prespa-Nationalpark.

Bilder: G. Schwaderer

Über die Ursachen der starken Wasserspiegelschwankungen vor allem am
Großen Prespa-See gibt es eine lange und kontroverse Diskussion. Da kein
oberirdischer Abfluss existiert, kommen für die Wasserverluste neben der
Verdunstung die Wassernutzung für Bewässerungszwecke sowie eventuell starke Schwankungen bei den Niederschlägen in Frage. Den größten
Einfluss aber dürften die stark schwankenden unterirdischen Abflüsse
spielen, zumal einige sehr große Schicklöcher in der Nähe des Seeufers
liegen. Steigt der Wasserspiegel, werden diese Schlucklöcher aktiv und
sorgen für einen wesentlich stärkeren Abfluss, während sie quasi trocken fallen, wenn der Wasserstand wieder sinkt. In der Folge geht dann
auch jeweils der unterirdische Abfluss deutlich und vor allem schlagartig
wieder zurück. Eines der größten Schlucklöcher liegt zwischen Gorice e
Vogel und Gollomboc und heißt Zaveri. Bis in die 1980er Jahre war dieser
Abfluss am Seegrund durch Strudelbildung an der Wasseroberfläche zu
erkennen. Noch heute sind hier viele kleinere Schlucklöcher aktiv, so dass
das Wasser deutlich sichtbar in Richtung Seeufer fließt. Bei sehr niedrigem Wasserstand – wie im Sommer 2008 – staut ein lockerer Steinwall
das Wasser auf. Dieser Steinwall war – so berichten die älteren Menschen
in den Dörfern – früher eine Brücke über den Fluss, welcher im Zaveri-
Schluckloch verschwand.

Ebenfalls einen direkten Einfluss auf den Wasserstand hat die Niederschlagsverteilung und -menge im Einzugsgebiet. Insbesondere die für die Grundwasserbildung wichtigen Winterniederschläge, meist in Form von Schnee, haben in den letzten Jahren deutlich abgenommen und wirken sich sicherlich negativ auf die Wasserstände in den Seen aus. Darüber hinaus wird zu Recht auch die anthropogene Beeinflussung des Wasserstands durch die Bewässerungslandwirtschaft diskutiert, denn ohne Zweifel hat die zunehmende Bewässerung erhebliche Auswirkungen auf die Wasserbilanz: pro Jahr werden dem Großen Prespa-See rund 70 Millionen Kubikmeter Wasser direkt für Bewässerungszwecke entnommen. Nur schwer abschätzbar ist das Ausmaß der indirekten Folgen der Grundwassernutzung in weiter entfernt liegenden Gebieten, die sich auf den hoch liegenden Prespa-See sicherlich auch sehr nachteilig auswirken. Alleine mit der Wassernutzung für Bewässerungszwecke können vor allem die schnellen und drastischen Rückgänge des Wasserstands in der Vergangenheit aber nicht erklärt werden.

Bild: G. Schwaderer

Der intensive Bohnenanbau in Griechenland verschärft durch die Bewässerung den Wasserspiegelrückgang.

Nährstoffarmut – Kennzeichen des Ohrid-Sees

Eines der wichtigsten Kennzeichen des Ohrid-Sees war seit seiner Entstehung im Tertiär die Nährstoffarmut. In den letzten Jahren hat sich die Wasserqualität aber deutlich verschlechtert und der Nährstoffgehalt hat merklich zugenommen. Aktuelle Sediment-Untersuchungen zeigen, dass der Phosphor-Gehalt in den letzten 150 Jahren um den Faktor drei bis vier angestiegen ist. Zwar unterstreichen die immer noch sehr geringen Phosphorwerte von 4,5 mg pro Kubikmeter Wasser den oligotrophen Charakter des Ohrid-Sees, aber die bereits stark veränderte Zusammensetzung des Phyto- und Zooplanktons weist deutlich auf eine Eutrophierung hin.

Bild: G. Schwaderer

See der Superlative: Der Ohrid-See zählt zu den ältesten und nährstoffärmsten Seen der Welt.

Die Entwicklung der letzten Jahrzehnte hat den Ohrid-See aufgrund der massiven Nährstoffeinträge sehr beeinträchtigt. Man könnte sagen, dass er in dieser Zeit stärker gealtert ist als in den Millionen Jahren seit seiner Entstehung. Es ist daher unbedingt notwendig, die Nährstoffeinträge aus den umliegenden Gemeinden und aus der Landwirtschaft drastisch zu reduzieren. Nur dann kann der Ohrid-See auch künftig als einer der klarsten Seen der Welt gelten.

Obwohl ein großer Teil des Zuflusses in den Ohrid-See aus dem Großen Prespa-See stammt, zeigen aktuelle Untersuchungen, dass sich eine Veränderung des Nährstoffgehalts im Prespa-See sehr wahrscheinlich nicht auf den Ohrid-See auswirkt. Das Prespa-Wasser wird beim Durchfließen des Karstaquifers bereits gereinigt und rund zwei Drittel des Phosphor-Gehalts des Prespa-Wassers werden dabei herausgefiltert. Trotzdem sind jetzt große Anstrengungen zur Reduktion des Nährstoffgehalts im Großen Prespa-See wichtig, denn nachdem der Phosphor-Gehalt im Großen Prespa-See seit den frühen 1990er Jahren um rund 50 % zugenommen hat, muss nun ein weiterer Anstieg verhindert werden, um ein Umkippen des Sees zu vermeiden. Das Beispiel des Bodensees zeigt, dass eine Eutrophierung durch konsequente Maßnahmen wieder rückgängig gemacht werden kann.

Bodensee-Phosphorkonzentration von 1950 – 2005

Phosphor in mg/m^3

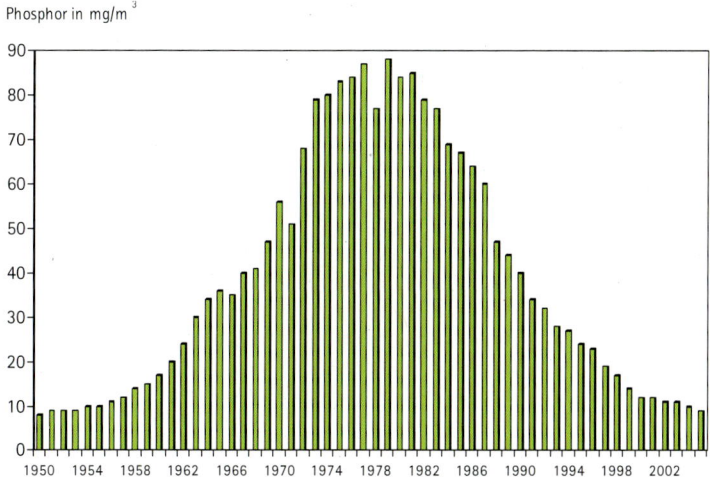

Graphik: K. Sauer

Die Phosphorkonzentration im Obersee des Bodensees ist in den 1960er und 1970er dramatisch angestiegen. Die wichtigste Ursache war die Einleitung ungereinigter Abwässer aus Haushalten und der Industrie. Erst der Bau zahlreicher Kläranlagen und einer Ringleitung stellten die Weichen neu. Heute haben sich die Phosphorwerte wieder auf einem sehr niedrigen Wert eingependelt.

Wirklich belastbare Aussagen zur Wassergüte des Großen Prespa-Sees sind heute trotz alledem kaum möglich, da nur sehr wenige aktuelle Messdaten zur Verfügung stehen. Untersuchungen aus den frühen 2000er Jahren ergaben Werte von durchschnittlich 30 mg/m^3 für den Gehalt des Gesamt-Phosphors im Großen Prespa-See. Noch in den 1990er Jahren lag dieser Wert bei rund 18 mg Gesamt-Phosphor pro m^3. Untersuchungen aus dem Jahr 2007 in Albanien zeigen aber einen deutlichen Anstieg des Phosphor-Gehalts. Über sechs Monate haben albanische Wissenschaftler in der Nähe von Mali Grad bis in die Tiefe von 15 Metern regelmäßig die Phosphor-Werte gemessen. Die Werte liegen je nach Wassertiefe und Jahreszeit zwischen 25 und 150 mg/m^3. Der ursprünglich ebenfalls oligotrophe Große Prespa-See hat sich inzwischen eindeutig zu einem mesotrophen oder sogar eutrophen See entwickelt. Die Zuflüsse weisen zwar nach wie vor geringe Phosphor-Belastungen auf. Die Ursachen für die Eutrophierung sind daher vor allem in den diffusen organischen Einleitungen aus den angrenzenden landwirtschaftlichen Flächen sowie den Abwässern aus Siedlungen, die direkt am Ufer des Großen Prespa-Sees liegen, zu suchen. Verstärkend wirkt sich wahrscheinlich aus, dass der im Seesediment in Form von Eisenphosphat gebundene Phosphor durch Sauerstoffarmut im Sommer wieder aus dem Sediment gelöst und damit pflanzenverfügbar wird. Auf die Sauerstoffarmut im Großen Prespa-See deutet auch ein Massensterben von Ukeleien im Sommer 2008 hin.

Die Sichttiefe im Großen Prespa-See betrug in den Jahren 1988 bis 1992 zwischen fünf und zehn Metern (jeweils mit der Secchi-Scheibe im August gemessen). In den Jahren 1993 bis 1996 schwankte sie zwischen rund drei und fünf Metern. Im Jahr 1996 lag die Sichttiefe nur noch bei rund 3,5 Metern und im Jahr 2007 sogar nur noch bei zwei Metern. Aufgrund der offensichtlich stark abnehmenden Sichttiefe und der Analysewerte des Gesamt-Phosphors ist inzwischen von einem mesotrophen oder sogar eutrophen Status des Großen Prespa-Sees auszugehen.

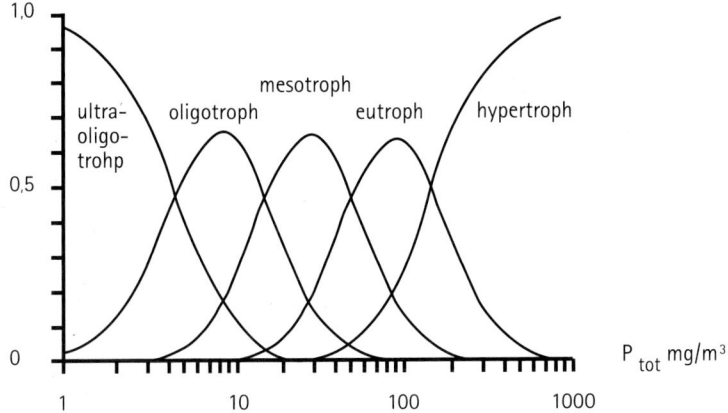

Graphik: K. Sauer, aus Schwoerbel, 1987

Wahrscheinlichkeitsverteilung für 5 verschiedene Trophiestufen, die auf den jährlichen mittleren Konzentrationen an Gesamtphosphor basieren. Der früher oligotrophe Große Prespa-See ist inzwischen als meso- oder sogar eutropher See zu bezeichnen.

Die derzeit fortschreitende Zunahme des Nährstoffgehalts sollte unbedingt gestoppt werden, da die Phosphor-Konzentrationen im Großen Prespa-See bei einem möglichen schnellen Wasserspiegelrückgang innerhalb kurzer Zeit rasch weiter ansteigen können. Für den Ohrid-See besteht so lange keine unmittelbare Gefahr, solange der Große Prespa-See sich nicht in Richtung eines hypertrophen Sees bewegt. Dennoch unterstreicht die unterirdische Verbindung vom Großen Prespa-See in den Ohrid-See das Erfordernis, weitere Nährstoffeinträge in den Kleinen und Großen Prespa-See zu unterbinden.

Für den albanischen Teil des Kleinen Prespa-See liegen keine Daten zur Wasserqualität vor. Für seinen griechischen Teil wurden zwar einige Studien durchgeführt, aber verschiedene Autoren kamen zu ganz unterschiedlichen Einschätzungen der Trophie. Derzeit ist davon auszugehen, dass auch der Kleine Prespa-See im Übergangsbereich zwischen mesotroph und eutroph liegt.

Am Kleinen Prespa-See liegen die wichtigsten Brutvogelkolonien der Region. Die meisten Zwergscharben brüten auf der kleinen Insel Vidronisi (rechts im Vordergrund).

Bild: G. Schwaderer

Am Ohrid-See hat die Weltbank von 1998 bis 2003 das grenzüberschreitende Lake Ohrid Conservation Project finanziert. Es hatte unter anderem das Ziel, die Voraussetzungen für die Verbesserung der Wasserqualität im Ohrid-See zu schaffen. Dass dies gelungen ist, muss trotz der investierten Summe von über vier Mio US $ bezweifelt werden. Denn bereits kurz nach Abschluss des Projekts zeigte sich der albanische Projektleiter, der zum damaligen Zeitpunkt immer noch für das Wassergüte-Labor in Pogradec verantwortlich war, außerstande, über die einfachsten Wassergüte-Parameter wie etwa den Phosphor-Gehalt des Ohrid-Sees Auskunft zu geben. Dabei hatten allein für den Aufbau des Wassergüte-Monitorings immerhin rund zwei Mio US $ zur Verfügung gestanden. Auch ein im Rahmen des Projektes im Jahr 2002 veröffentlichter Bericht macht keine quantitativen Angaben über den Phosphor-Gehalt des Ohrid-Sees.

Prespa und Ohrid – Ein Hotspot der Biodiversität

Die beiden Prespa-Seen und der Ohrid-See sind ein europäisches Kleinod der Biodiversität. Es gibt bisher keine synoptische Untersuchung der Flora und Fauna der Region und somit ist es nicht möglich, einen abschließenden Überblick der Artenzahl zu geben. Aber alleine die Anzahl der bedrohten und endemischen Arten ist äußerst bemerkenswert und rechtfertigt die Aussage, dass diese Region ein besonderes Augenmerk des Naturschutzes verdient und erfordert.

Die weltweit größte Brutkolonie des vom Aussterben bedrohten Krauskopfpelikans (Pelecanus crispus) mit rund 1.100 Paaren sowie eines der wichtigsten Brutvorkommen der ebenfalls bedrohten Zwergscharbe (Phalacrocorax pygmeus) mit bis zu 700 Paaren sind die herausragenden Charakteristika der Vogelwelt. Insgesamt wurden in der Region 285 verschiedene Vogelarten nachgewiesen. Allerdings ist weder ihr Status bekannt, noch ob sie brüten oder als Durchzügler oder Wintergast in der Region leben. Nur für den griechischen Prespa-Nationalpark wurden bisher mehr als 160 Brutvogelarten nachgewiesen. Der Große Prespa-See stellt zudem ein wichtiges Wintergebiet für regelmäßig mehr als 20.000 Wasservögel dar; dies haben seit den 1990er Jahren regelmäßig durchgeführte Wasservogelzählungen erwiesen. Für den Ohrid-See ist eine ähnliche Untersuchung nicht bekannt.

Bild: D. Kitonic

Rund 700 Zwergscharben-Brutpaare gibt es an den Prespa-Seen.

In den Gebirgen um die Seen leben Bären, Wölfe und auch noch einige Individuen des Balkanluchses (Lynx lynx martinoi), einer stark gefährdeten Unterart des Luchses (Lynx lynx). Wieder etwas erholt haben sich die Bestände der Balkangämse (Rupicapra rupicapra balcanicus), einer Unterart der Gämse, die nur auf dem Balkan vorkommt. An den Ufern der Seen weisen zahlreiche Spuren des Fischotters (Lutra lutra) auf ein großes Vorkommen hin. Die Höhlen an den Seeufern werden stark von Fledermäusen frequentiert. Bisher wurden im Gebiet 25 verschiedene Arten nachgewiesen - unter ihnen neun Arten, die vom Aussterben bedroht oder zumindest gefährdet sind. In der Region leben mehr als 50 Säugetierarten.

In den Seen des Gebiets leben viele verschiedene Fischarten. In den Prespa-Seen handelt es sich um 12 authochthone Arten, acht davon sind für die beiden Seen endemisch. Im Ohrid-See kommen sogar 17 autochthone Fischarten vor, davon sind zehn endemisch. Die bedeutendste dieser Arten ist die Ohrid-Forelle (Salmo letnica), die weltweit nur im Ohrid-See lebt.

Auch die Vielfalt an Amphibien und Reptilien ist außergewöhnlich groß. So wurden in der weiteren Prespa- und Ohrid-Region bisher 13 verschiedene Amphibien- und 27 Reptilienarten nachgewiesen.

Bild: D. Nill

In den Buchenwäldern des Gebiets ist der Feuersalamander häufig zu sehen.

Besonders typisch für die Buchenwälder im Prespa-Ohrid-Gebiet ist das Vorkommen der Feuersalamander (Salamandra salamandra). Auf den offenen Flächen und in lichten Wäldern ist die Wechselkröte (Bufo viridis) und die Syrische Schaufelkröte (Pelobates syriacus balcanicus) heimisch. Außerdem wurden im Gebiet bisher neun verschiedene Schlangenarten nachgewiesen. Nur die Kreuzotter (Viper berus) und die Europäische Hornotter (Vipera ammodytes) sind giftig. Die anderen sieben Schlangenarten gehören zu den ungiftigen Nattern. Die Würfelnatter (Natrix tesselata) und die Ringelnatter (Natrix natrix) sind an die Seen gebunden und ausgezeichnete Schwimmer. Beachtung verdienen außerdem die Vorkommen der Griechischen Landschildkröte (Testudo hermanii) und der Europäischen Sumpfschildkröte (Emys orbicularis).

Der Reichtum an Schmetterlingen ist enorm. Allein der Galicica-Nationalpark beherbergt über 1.600 verschiedene Schmetterlingsarten.

Botanische Untersuchungen in der Prespa-Region belegen, dass hier mehr als 1.500 höhere Pflanzenarten vorkommen.

Bilder: D. Nill

Fischotter profitieren vom Fischreichtum der Seen, für Blässhühner bieten die Seen einen wichtigen Winter-Lebensraum.

Endemismus – Phänomen langer Isolation

Aufgrund seines hohen Alters und seiner isolierten Lage hat sich im Ohrid-See eine einzigartige Tier- und Pflanzenwelt entwickelt. Einige der hier vorkommenden Arten waren vor Hunderttausenden von Jahren weit verbreitet. Sie sind aber inzwischen bis auf die Reliktvorkommen im Ohrid-See ausgestorben und werden auch als Reliktarten oder lebende Fossilien bezeichnet. Insbesondere in den Seen findet man zahlreiche Arten, die aus der tertiären Entstehungsphase stammen.

Die herausragende Bedeutung der Prespa-Ohrid-Region für die biologische Vielfalt lässt sich vor allem an der Vielzahl an Endemiten, also Arten, die entweder nur in der Region oder in einem sehr eng begrenzten Raum, zum Beispiel der Balkan-Halbinsel vorkommen, festmachen. Wie im Baikal-See gibt es auch im Ohrid-See endemische Arten in der gesamten Nahrungskette, angefangen vom Phytoplankton (z.B. Cyclotella fottii) über das Zooplankton (z.B. Cyclops ochridanus), bei den planktonfressenden Fischen (z. B. Albanische Plötze – Pachychilon pictus) ebenso wie bei den Raubfischen (z. B. Ohrid-Forelle – Salmo letnica) und in der artenreichen benthnischen Fauna z.B. Ochridagammarus solidus). In der Gruppe der Gastropoda (Schnecken), die im Ohrid-See mit 50 Arten vertreten ist, sind 86 % endemisch. Jüngere Untersuchungen über das Phytoplankton im Ohrid-See zeigen, dass es mehr als 550 verschiedene Diatomeen-Arten gibt; davon sind weit mehr als 10 % endemisch für den Ohrid-See und kommen weltweit nur hier vor.

Kommt nur in der Prespa-Ohrid-Region vor: die Schneckenart Helix secernenda schlafli.

Bild: G. Schwaderer

Bei den Fischarten ist der Endemismus ebenfalls stark ausgeprägt. Im Ohrid-See leben zehn endemische Fischarten und in den beiden Prespa-Seen acht Arten, die weltweit nur hier vorkommen: die Prespa-Bachforelle (Salmo peristericus), die Prespa-Nase (Chondrostoma prespense), der Prespa-Schneider (Alburnoides prespensis), die Prespa-Ukelei (Alburnus belvica), die Prespa-Barbe (Barbus prespensis), das Prespa-Rotauge (Rutilus prespensis), die Prespa-Elritze (Pelasgus prespensis) und der Prespa-Döbel (Squalius prespensis).

Die wirbellosen Tiere zählen zu den zwar unscheinbaren, aber biologisch äußerst wertvollen Schätzen des Ohrid-Sees. Es wird angenommen, dass fast 90 % der Einzeller, mehr als 40 % der Röhrenwürmer und mehr als 70% der Plattwürmer endemisch sind. Insgesamt leben im Ohrid-See weit mehr als 200 Arten, die weltweit nur hier vorkommen. Zum Vergleich: im Baikal-See leben fast 1.000 bisher beschriebene endemische Arten.

Ganz so stark ausgeprägt ist der Endemismus in den Prespa-Seen nicht, aber auch hier spielt dieses Phänomen eine wichtige Rolle. Nur am Großen Prespa-See wurde bisher eine Unterart der Posthornschnecke nachgewiesen. Es handelt sich um Planorbarius corneus arabatzis, die vor einigen Jahren an den grobschottrigen Ufern des griechischen Teils des Großen Prespa-Sees bei Panagia Eleoussa erstmals entdeckt wurde.

Bild: Th. Hackl

Farbenprächtiger Endemit - die Ohrid-Forelle gibt es weltweit nur im Ohrid-See.

Die meisten pflanzlichen Endemiten sind dagegen nicht in und an den Seen, sondern in den höheren Lagen zu finden. In den Gebirgen sind konkurrenzarme, isolierte Wuchsorte häufiger als im dicht bewachsenen Tiefland. Neben den noch in der Gegenwart wirksamen Ursachen spielen beim Entstehen der zahlreichen endemischen Pflanzen-Sippen auf der Balkan-Halbinsel aber auch historische Ursachen mit. Infolge des Klimawechsels während der Eiszeiten wurden die meisten höheren Pflanzen zu Wanderungen in horizontaler und vertikaler Richtung gezwungen und vor allem aus Mitteleuropa verdrängt. Viele Pflanzen überdauerten auf der Iberischen Halbinsel und/ oder eben auch auf der Balkan-Halbinsel. Hier wirkte die Evolution weiter und es bildeten sich in den unterschiedlichen Regionen Unterarten und Arten.

Beispiele für Lokal-Endemiten in der Prespa-Region sind die Prespa-Flockenblume (Centaurea prespensis), die Galicica-Flockenblume (Centaurea galicicae) und die Galicica-Nelke (Dianthus galicicae).

Bild: V. Matevski

Galicica-Flockenblumen

Blick auf die Insel Mali Grad im albanischen Prespa-Nationalpark.

Bild: G. Schwaderer

Kulturelle und historische Bedeutung der Region

Geschichte und Kultur – Die Wurzel der kyrillischen Schrift

Der Balkan blickt auf eine sehr bewegte sowie bisweilen auch wirre und grausame Geschichte zurück. Über lange Zeiträume war diese Region im Südosten Europas von Kriegen, Vertreibung, fremden Besatzungsmächten und ethnischen Konflikten geprägt. Und wie so oft gibt es, je nach Blickwinkel des Betrachters, viele verschiedene Interpretationen. So war die Prespa-Ohrid-Region für die einen immer griechisch, für die anderen mazedonisch oder albanisch. Hier soll der Versuch unternommen werden, mit der Distanz der Mitteleuropäer ein möglichst objektives Bild zu zeichnen, das aber in jedem Fall skizzenhaft bleiben muss, zumal es in diesem Buch in erster Linie um den Naturraum gehen soll.

Die Stadt Ohrid spielt für die Identität der Mazedonier bis heute eine besonders wichtige Rolle. Hier haben Kliment und Naum im 10. Jahrhundert eine bedeutende geistliche Schule gegründet, die bisweilen auch als erste slawische Universität bezeichnet wird. Sie waren Schüler der Mönche Kyrill und Method, welche gemeinsam bereits im Jahr 863 die Grundlagen der heutigen kyrillischen Schrift (Glagolica) entwickelten und damit begannen, die Bibel und andere christliche Texte vom Griechischen in die damalige Sprache der Slawen, das Altslawonische, zu übersetzen. Kliment und Naum waren Kyrill und Method ins Großmährische Reich gefolgt.

Bild: G. Schwaderer

Das Kloster Sveti Naum am südlichen Ende des Ohrid-Sees ist als Unesco-Welterbe der Menscheit ausgezeichnet.

Dort war auf dem Gebiet der heutigen Tschechischen und Slowakischen Republik der erste slawische Staat entstanden. Die orthodoxe Slawenmission scheiterte aber vor allem am Widerstand der bayerischen Kirche, und das Großmährische Reich hatte auch nur von 830 bis 907 Bestand. Nach dem Tod ihrer beiden Lehrer (Kyrill starb bereits im Jahr 869 und Method im Jahr 885) wollten Kliment und Naum in ihre mazedonische Heimat zurückkehren. Kliment konnte nach einem kurzen Zwischenaufenthalt in Bulgarien mit dem Aufbau einer geistlichen Schule in Ohrid beginnen. Naum hingegen wurde von dem bulgarischen Prinzen Boris lange Zeit festgehalten, damit er im Kloster St. Panteleimon bei Preslav die Mönche im Evangelium unterrichte.

Bild: G. Schwaderer

Diese Freske aus dem Kloster Sveti Jovan Bigorski im Radika-Tal zeigt das erste slawische Alphabet.

Erst Boris' Sohn Simeon, der später bulgarischer Zar wurde, ließ auch Naum im Jahr 893 in seine Heimat ziehen. Dies geschah, als Kliment nach seiner Ernennung zum ersten mazedonisch-slawischen Bischof Simeon darum bat, seinen Freund Naum gehen zu lassen, damit dieser seine Schule in Ohrid weiterführen könne. Kliment und Naum entwickelten die glagolische Schrift weiter und nannten sie nach einem ihrer beiden Lehrer Kyrillisch. Damit waren die Zeiten vorbei, in denen christliche Texte nur in Hebräisch, Griechisch oder Latein geschrieben oder vorgetragen werden konnten: Eine wichtige Voraussetzung für die Christianisierung der slawischen Länder war geschaffen. Der westbulgarische Zar Samuel machte die Sprache der mazedonischen Slawen im Jahr 969 zur offiziellen Sprache seines slawischen Reiches, das auch große Teile Bulgariens und Mazedoniens umfasste. In der Folge entwickelte sich Ohrid zu einem Zentrum des geistlichen und kulturellen Lebens, das weit über den Südosten Europas hinaus wirkte.

Ohrid ist eine Stadt der Kirchen - zu den bedeutendsten Gotteshäusern zählt Sveta Sofia.

Bild: G. Schwaderer

Ohrid – Kulturhistorische Perle auf dem Balkan

Nach wie vor ist Ohrid die bedeutendste Stadt der Prespa-Ohrid-Region. Sie gilt als die Perle aller mazedonischen Städte und ist heute vor allem bekannt für die besondere Architektur der typischen Ohrid-Häuser. Hinsichtlich der Anzahl der Kirchen (rund 300 gibt es in Ohrid und Umgebung) macht die Stadt schon beinahe Rom Konkurrenz. Der Name Ohrid wurde das erste Mal bereits im Jahr 879 erwähnt und leitet sich vom slawischen „vo hrid" (auf dem Berg) ab. Die ersten Siedlungsschichten sind aber schon viel älter und stammen aus illyrischer Zeit, wahrscheinlich aus dem 4. Jahrhundert vor Christus. Im Jahr 358 vor Christus schlug Philipp II., Vater von Alexander dem Großen, die Illyrer und eroberte Lychinodos (damaliger Name von Ohrid). 168 vor Christus bezwangen die Römer das makedonische Reich und unterwarfen es dann auch vollständig nach einem Aufstand der Makedonen im Jahr 147 vor Christus. Damals nahmen die Römer Lychinodos (Ohrid) ein und entwickelten die Siedlung zu einer der wichtigsten Städte ihrer makedonischen Provinz. Aus dieser Zeit stammen zahlreiche bedeutende, teilweise bis heute erhaltene Bauwerke, wie etwa das antike Theater, das im letzten Jahrhundert vor Christi Geburt erbaut wurde und bis zu 5.000 Zuschauern Platz bot. Nach der Teilung des Römischen Reichs gehörte Lychinodos zu Byzanz. Ab dem 6. Jahrhundert setzte dann die Besiedelung des Balkan durch die Slawen ein.

In der Mitte des 10. Jahrhunderts begann der bulgarische Zar Samuel sein großes slawisches Reich aufzubauen, das sich zeitweise von der Adria bis zur Donau und im Süden bis zum Peloponnes erstreckte. Zar Samuel und seine Nachfolger regierten das Reich von 976 bis 1018 zunächst von Resen, der heute noch wichtigsten Stadt im mazedonischen Prespa-Gebiet, und dann von Ohrid aus. Er erklärte Ohrid zum Patriarchat der unabhängigen Kirche von Ohrid. Außerdem ließ er auf dem Hügel von Ohrid eine der größten mittelalterlichen Festungen in Mazedonien erbauen.

Zar Samuel ließ die Festung von Ohrid im 10. Jahrhundert erbauen.

Bilder: G. Schwaderer

Bereits im Jahr 1014 leitete eine verheerende Niederlage im Krieg gegen den Kaiser von Byzanz, Basileios II., das Ende der Selbständigkeit des slawischen Reichs ein. Unmittelbar nach der fast vollständigen Vernichtung seiner Streitmächte starb Zar Samuel. In der Folge nahm die Bedeutung von Ohrid ab; dennoch blieb es bis 1767 ein eigenständiges Erzbistum.

Das römische Amphitheater in Ohrid entstand vor rund 2.000 Jahren.

Bis ungefähr 1500 lebten die meisten Bewohner Ohrids innerhalb der Stadtfestung. Erst während der sich anschließenden Herrschaft der Ottomanen dehnte sich die Siedlung bis an das Seeufer aus. Ohrid war über viele Jahrhunderte eine wohlhabende Stadt, in der viele Kaufleute, aber auch Gelehrte lebten. Seit 1980 ist die gut erhaltene Altstadt mit ihren außergewöhnlichen Kirchen und der über der Stadt thronenden Festung als Unesco-Weltkulturerbe ausgezeichnet und alle baulichen Veränderungen unterliegen daher strengen Auflagen. Auch der mazedonische Teil des Ohrid-Sees gehört mit einer Fläche von 180 Quadratkilometern zum Unesco-Schutzgebiet.

Direkt am See gelegen - die Altstadt von Ohrid und die bekannte Kirche Sveti Jovan.

Das etwas weiter im Westen liegende Struga entwickelte sich vor
allem während der römischen Pe-
riode und erreichte in dieser Zeit
eine außerordentliche Bedeutung.
Struga lag, wie auch Ohrid, an der
bekannten Via Egnatia, die den
Hafen in Durres (Durachium) im
heutigen Albanien mit Konstan-
tinopel, der Haupstadt des Ost-
römischen Reichs, verband. Auch
Resen ist in römischer Zeit als mi-
litärische Siedlung an der Via Egnatia entstanden. Die Trasse dieser
römischen Fernstraße wird heute
von der Europäischen Union im
Rahmen des Konzeptes der Trans-
europäischen Netze als Korridor 8
geführt. Die Planungen sehen hier
den Neubau einer Autobahn vor,
der sehr negative Auswirkungen
auf die Landschaft haben wird und
wichtige Lebensräume - insbesondere von Bär, Wolf und Luchs - zu
zerstören droht.

Häuser mit dieser typischen Architektur
prägen die Altstadt von Ohrid.

Die mazedonische Frage

Bulgarien, Griechenland und Serbien haben immer wieder Ansprüche auf Mazedonien angemeldet. Tatsächlich haben sich viele Kriege auf dem Balkan genau an der Frage entzündet, welchem Land Mazedonien zugesprochen wird. In der Zeit nach dem 2. Weltkrieg waren die Verhältnisse ziemlich stabil, wenngleich die alten Konflikte nicht gelöst waren, wie sich nach dem Zusammenbruch der Sowjetunion und den sich hieraus entwickelnden Veränderungen in Jugoslawien und auf dem Balkan zeigte. Zwar gelang es den Mazedonen, sich ohne Blutvergießen aus dem früheren Jugoslawien herauszulösen; 1991 erklärten sie ihre Unabhängigkeit. Doch Bulgarien, Griechenland und Serbien versagten dem jungen Staat lange Zeit die Anerkennung.

In den Jahren 2000 und 2001 schrammte Mazedonien nur knapp an einem Bürgerkrieg vorbei. In Mazedonien leben mehrheitlich slawischstämmige Mazedonen, aber rund ein Viertel der Bevölkerung sind ethnische Albaner - mit steigender Tendenz. Besonders durch den Krieg im Kosovo flüchteten viele Kosovo-Albaner nach Mazedonien und die kosovarische Befreiungsarmee UCK gewann immer mehr Einfluss im Land. Besonders im Norden und Nordwesten kam es zu bewaffneten Auseinandersetzungen: Mazedonien stand kurz vor einem Bürgerkrieg. Zur Beruhigung der Situation hat das unter internationaler Vermittlung ausgehandelte und im August 2001 in Kraft gesetzte Ohrid-Abkommen entscheidend beigetragen. Es verpflichtete die in Mazedonien lebenden ethnischen Albaner einerseits, den Staat Mazedonien vorbehaltlos anzuerkennen, räumte ihnen andererseits aber auch zahlreiche Rechte ein. In allen Kommunen, in denen mehr als 20 % der Bevölkerung eine andere Muttersprache als Mazedonisch sprechen, wurde diese Sprache durch das Ohrid-Abkommen automatisch zur offiziellen Zweitsprache. Dies führt zum Beispiel in etlichen Kommunen am Prespa- und Ohrid-See dazu, dass Albanisch nun Amtssprache ist. Vielen Gemeinden stehen inzwischen ethnische Albaner als Bürgermeister vor.

Bis heute ist die innenpolitische Situation in Mazedonien zumindest phasenweise instabil. Viele ethnische Mazedonen haben vor diesem Hintergrund im April 2008 sehr auf die Aufnahme Mazedoniens in die Nato gehofft. Die Entscheidung darüber wurde jedoch aufgrund des Widerstands von Griechenland und einiger westeuropäischer Staaten vertagt. In Verbindung mit der im Februar 2008 erklärten Unabhängigkeit des Kosovo hat dies bei vielen Mazedonen Ängste und Befürchtungen geschürt. Griechenland begründet seinen Widerstand gegen die Aufnahme Mazedoniens in die Nato damit, dass das Land seinen Namen ändern müsse. Es vertritt den Standpunkt, wichtige Teile des ehemaligen Makedoniens lägen in Griechenland und daher könne es keinen Staat mit dem Namen Mazedonien geben. So fordert Griechenland mindestens die Verwendung einer zusätzlichen Bezeichnung wie etwa „Ober-Mazedonien" oder „Mazedonien-Skopje". Mit der gleichen Argumentation verhinderte Griechenland im Jahr 2008 auch den formellen Beginn der Beitrittsverhandlungen für die Aufnahme Mazedoniens in die Europäische Union. Eine bedeutende Rolle bei der ablehnenden Haltung Griechenlands dürfte allerdings auch die Tatsache spielen, dass in Griechenland eine Minderheit von rund 250.000 Mazedonen lebt. Und diese große Minderheit wird von der griechischen Regierung bis heute fast vollständig negiert. Befürchtet wird außerdem auch die Reklamation von Schadensersatzansprüchen durch Mazedonen, die nach dem griechischen Bürgerkrieg in andere europäische Länder und nach Übersee ausgewandert waren.

Griechenland hat die Gründung eines selbständigen Mazedoniens von Anfang an bekämpft und bis 1995 sogar versucht, die Selbständigkeit des Landes durch ein Wirtschaftsembargo zu verhindern. Aufgrund des Drucks aus Griechenland muss Mazedonien in offiziellen Erklärungen und Schriften der Europäischen Union und ihrer Mitgliedsstaaten sowie des Europarats immer noch als FYRoM (Former Yugoslavian Republic of Macedonia) bezeichnet werden. Die USA haben die Republik Mazedonien aber im Jahr 2004 offiziell anerkannt.

In den Grenzgebieten des Dreiländerecks zwischen Albanien, Griechenland und Mazedonien leben in allen drei Ländern ethnische Albaner, Griechen und Mazedonen. Trotz der Querelen in der großen Politik haben die
Menschen hier aufgrund der vielfältigen verwandtschaftlichen Verflech-
tungen viel Verständnis für die jeweils anderen.

Im albanischen Prespa-Gebiet leben überwiegend ethnische Mazedonen.
Sie erhalten ebenfalls schrittweise mehr Rechte. So ist vorgesehen, dass
in den Dörfern am Prespa-See bald wieder die ursprünglichen mazedonischen Ortsnamen verwendet werden dürfen.

Steckbrief Mazedonien

Einwohner: 2,1 Millionen

Fläche: 25.713 km^2

Hauptstadt: Skopje (dort leben rund 600.000 Menschen)

Ethnische Zusammensetzung: 65 % Mazedonen, 25 % Albaner,
4 % Türken, 3 % Roma, 2 % Serben
(Zahlen stammen aus dem Jahr 2004)

Religionszugehörigkeit: 32,4 % mazedodnisch-orthodox, 16,9 % moslemisch,
ca. 45 % der Bevölkerung machen keine Angaben oder sind nicht gläubig

Unabhängig seit: 1991

Wirtschaftskraft (BIP): ca. 3.300 $ pro Kopf oder 6.926 Mio. $ (2007)

Steckbrief Albanien

Einwohner: 3,2 Millionen

Fläche: 28.784 km^2

Hauptstadt: Tirana (dort leben rund 500.000 Menschen)

Ethnische Zusammensetzung: 98 % Albaner, 2 % Griechen und Mazedonen

Religionszugehörigkeit: 70 % moslemisch, 20 % griechisch-orthodox, 10 % katholisch

Unabhängig seit: 1912

Wirtschaftskraft (BIP): 3.500 $ pro Kopf oder 11.192 Mio. $ (2007)

Steckbrief Griechenland

Einwohner: 11,2 Millionen

Fläche: 131.957 km^2

Hauptstadt: Athen (dort leben rund 2,8 Mio. Menschen)

Ethnische Zusammensetzung: Neben der orthodoxen, griechischsprachigen Mehrheitsbevölkerung existieren einige religiöse und sprachliche Minderheiten sowie Zuwanderergruppen. Da Griechenland solche Bevölkerungsgruppen aktuell statistisch nicht erfasst, beruhen alle Angaben zur Anzahl ihrer Mitglieder auf Schätzungen und können je nach politischem Standpunkt stark variieren.

Religionszugehörigkeit: 97 % griechisch-orthodox

Unabhängig seit: 1830

Wirtschaftskraft (BIP): 16.130 Euro pro Kopf oder 180.656 Mio. Euro (2005)

Die Pflanzenwelt

Die Pflanzenwelt

Die Lebensräume der Prespa-Ohrid-Region werden von unterschiedlichen aquatischen und terrestrischen Pflanzengesellschaften bestimmt. Die aquatischen finden sich in den Uferbereichen des Ohrid- und der Prespa-Seen sowie in und an den Gletscherseen und Bergbächen. Zu den terrestrischen gehören die Wälder an den Hängen der Gebirge Jablanica-Shebenik, Mali e Thate und Galicica. Aber auch die subalpinen und alpinen Weiden in diesen Gebirgen zählen dazu.

Das folgende Kapitel gibt einen Überblick über die häufigsten Pflanzengesellschaften der Region und zeigt die dort vorkommenden Pflanzenarten auf.

Röhricht nördlich der Insel Agios Achilios im kleinen Prespa-See.

Bild: G. Schwaderer

Pflanzenleben im und am Wasser

Die ehemals ausgedehnten Röhricht- und Schwimmpflanzengesellschaften an beiden Prespa-Seen wie auch am Ohrid-See wurden in den letzten Jahrzehnten stark dezimiert. Am Großen Prespa- und vor allem am Ohrid-See werden die Ufer heute in großen Bereichen zunehmend verbaut und/oder touristisch genutzt; am Kleinen Prespa-See haben Wasserstandschwankungen und Sedimenteintrag - bedingt durch die Kanalisierung des Devolli zur Be- und Entwässerung der Maliq-Ebene - die aquatischen Lebensräume stark in Mitleidenschaft gezogen.

Dennoch finden sich teils ausgedehnte Schilfröhrichte im Flachwasserbereich unverbauter Ufer aller drei Seen sowie entlang von Entwässerungskanälen. Es herrschen **Schilfrohr** (Phragmites australis), aber auch **Rohrkolben** (Typha latifolia, T. angustifolia) und **Teichsimse** (Scirpus lacustris) vor. Weitere Arten in dieser Zone sind **Geißraute** (Galega officinalis) und **Froschlöffel** (Alisma plantago-aquatica). Schilfröhricht wächst in Wassertiefen von 1,50 bis 4,50 Metern und erträgt als Stillwassergesellschaft nur langsame Wasserbewegung. So kann auch Wellenschlag, beispielsweise hervorgerufen durch Bootsverkehr, ein Problem sein.

Sogenannte Schwimmblattfluren kommen im Gebiet nur vereinzelt vor. Ein bekannter Standort ist der Kleine Prespa-See, wo sich, wie auch am Ohrid-See, an einigen Stellen zwischen dem Schilfrohr inselartig die Tausendblatt-Teichrosen-Gesellschaft, das Myriophyllo-Nupharetum, gebildet hat. Neben **Gelber Teichrose** (Nuphar lutea), deren Blütezeit im Juli beginnt, trägt auch die **Weiße Seerose** (Nymphaea alba), die von Juni bis September blüht, zur Schönheit dieser Pflanzengesellschaft bei. Die **Seekanne** (Nymphoides peltata) wächst ebenfalls in diesem Bereich.

Bild: M. Schneider-Jacoby

Seekanne (Nymphoides peltata)

Während Teichrose, Seerose und Seekanne am Ohrid- und den Prespa-Seen eher selten vorkommen, bilden verschiedene Laichkrautarten in einigen Bereichen eine nahezu ununterbrochene Zone, die teilweise sogar stärker als der Schilfgürtel ausgebildet ist. Dominierend, mancherorts sogar als einzige Art, tritt das **Durchwachsende Laichkraut** (Potamogetum perfoliatus) auf. Weitere abgetaucht wachsende Laichkrautarten dieser Zone sind **Kammlaichkraut** (Potamogeton pectinatus), **Glänzendes Laichkraut** (P. lucens) und **Krauses Laichkraut** (P. crispus).

Besonders bemerkenswert sind die Schwimmblattgesellschaften und die unter dem Wasserspiegel wachsende Vegetation der Buchten von Kallamas, Gollomboc und Gorice e Vogel am albanischen Ufer des Großen Prespa-Sees. Hier finden sich neben verschiedenen Laichkrautarten auch die **Wasserschraube** (Vallisneria spiralis), **Ähriges Tausendblatt** (Myriophyllum spicatum) und die vom Aussterben bedrohte **Wassernuss** (Trapa natans). Weitere Arten sind **Raues Hornblatt** (Ceratophyllum demersum), **Sumpfteichfaden** (Zannichellia palustris) und **Kleines Nixenkraut** (Najas minor). Diese Arten herrschen in Wassertiefen zwischen vier bis sieben Meter vor.

Im mazedonischen Teil des Ohrid-Sees wurden umfassende Studien zur Verbreitung von **Armleuchteralgen** (Characeae) durchgeführt. Diese Algen sind weltweit vorkommende, phylogenetisch (stammesgeschichtlich) urtümliche Wasserpflanzen. Tatsächlich stellen sie die einzige noch in der heutigen Zeit lebende Familie innerhalb der Ordnung Charales (Armleuchteralgen i. w. S.) dar, welche schon für das Erdzeitalter des Devon (also vor 350 bis 400 Millionen Jahren) nachgewiesen wurde.

Blühende Armleuchteralge

Bild: K. Sauer

Armleuchteralgen werden zu den Grünalgen gezählt, ähneln in ihrer Wuchsform jedoch eher höheren Blütenpflanzen wie beispielsweise dem Hornblatt. Es handelt sich um Tauchpflanzen, die verankert am Grund von Gewässern mit in der Regel sehr sauberem, nährstoffarmem Süß- oder Brackwasser wachsen. Oft bilden sie dabei große Dominanzbestände aus, sogenannte Charawiesen. Da sie kein luftgefülltes Gewebe haben, steigen abgerissene Sprossteile nicht an die Oberfläche auf. So kann es sein, dass das Vorkommen von Armleuchteralgen in tieferen Gewässern – Armleuchteralgen können in Wassertiefen bis zu 60 Metern wachsen - leicht übersehen wird.

Viele Armleuchteralgen bevorzugen kalkhaltige Standorte. Dann sind die Pflanzen typischerweise mit einer starren Kalkkruste überzogen. Das ist darauf zurückzuführen, dass Armleuchteralgen bei einer starken Photosynthese dem Wasser anorganische Kohlenstoffverbindungen entziehen. Dadurch greifen sie in ein kompliziertes Lösungsgleichgewicht ein, bei dem Kalziumkarbonat ausgefällt wird. Armleuchteralgen sind daher wirksam an der biogenen Entkalkung der Gewässer, in denen sie wachsen, beteiligt.

Im mazedonischen Bereich des Ohrid-Sees konnte in sechs sowie zwischen 15 und 21 Metern Tiefe eine Vielzahl von Armleuchteralgen nachgewiesen werden, darunter **Raue Armleuchteralge** (Chara aspera), **Zerbrechliche Armleuchteralge** (Ch. fragilis), **Steifhaarige Armleuchteralge** (Ch. hispida) sowie **Verwachsenfrüchtige Glanzleuchteralge** (Nitella syncarpa).

Die vorherrschende Armleuchteralgenart ist jedoch **Chara ceratophylla**, die oft reine Bestände bildet.

Eichen und Buchen – Die Waldgesellschaften in den Gebirgen der Prespa-Ohrid-Seenregion

Bei den terrestrischen Pflanzengesellschaften lässt sich im Wesentlichen zwischen Eichen- und Buchenwäldern sowie den in den höchsten Lagen der verschiedenen Gebirge vorkommenden subalpinen und alpinen Weiden unterscheiden.

Der Eichengürtel erstreckt sich in der Regel in Höhenlagen von 600 bis 1.300 Metern über dem Meeresspiegel und besteht aus verschiedenen, zum Teil immergrünen, aber auch laubabwerfenden Eichenwaldgesellschaften.

Die in Höhen bis zu 1.000 Meter verbreiteten sommergrünen Eichenwälder setzen sich aus **Flaumeiche** (Quercus pubescens), Orient-Weißbuche (Carpinus orientalis) und **Feldahorn** (Acer campestre) zusammen. Auch die **Hopfenbuche** (Ostrya carpinifolia) kann hier vergesellschaftet sein, ist jedoch eher selten.

Die in diesen Höhenlagen ebenfalls vorkommenden immergrünen Eichenwälder bestehen aus **Stinkwacholder** (Juniperus foetidissima), **Orient-Weißbuche** (Carpinus orientalis) und **Trojanischer Eiche** (Quercus trojana). Weitere Arten sind **Buchs** (Buxus sempervirens), **Schlehe** (Prunus spinosa) und **Stechwacholder** (Juniperus oxycedrus) sowie die auch in den sommergrünen Eichenwäldern vorkommende **Hopfenbuche** (Ostrya carpinifolia).

Auch strauchartige, größtenteils immergrüne Formationen sind typisch für diese Höhenlage. Neben **Buchs** (Buxus sempervirens) und **Stechwacholder** (Juniperus oxycedrus), die diesen Bereich als immergrün erscheinen lassen, gehören hier **Schlehe** (Prunus spinosa), **Mandelblättrige Birne** (Pyrus amygdaliformis), **Flaumeiche** (Q. pubescens) und **Blumenesche** (Fraxinus ornus) zu den charakteristischen Arten.

Schlehe

Die laubabwerfenden Eichenwälder in Höhenlagen zwischen 900 und 1.300 Metern können nach ihrer Zusammensetzung und der Höhe, in der sie vorkommen, unterschieden werden.

In den unteren und südlich exponierten Lagen herrschen wärmeliebende Eichenwälder (Querco-Carpinetum orientalis) vor. Hauptbaumarten sind hier die **Flaumeiche** (Quercus pubescens) und die **Orient-Weißbuche** (Carpinus orientalis). Als weitere charakteristische Baumarten treten **Felsenahorn** (Acer monspessulanum), **Bergahorn** (Acer platanoides) und **Blumenesche** (Fraxinus ornus) auf. In der Strauchschicht dieser Waldgesellschaft dominieren **Kornelkirsche** (Cornus mas), **Blasenstrauch** (Colutea arborescens), **Strauchkronwicke** (Coronilla emeroides) und **Strauchiger Jasmin** (Jasminum fruticans). Die Krautschicht setzt sich unter anderem aus **Efeublättrigem Alpenveilchen** (Cyclamen neapolitanum) und **Balkan-Anemone** (Anemone blanda) zusammen.

In den höheren und kälteren Lagen, die bereits submediterranem und subkontinentalem Einfluss ausgesetzt sind, findet man Eichenwälder, die vorwiegend aus **Traubeneiche** (Quercus petraea) und **Zerreiche** (Qu. cerris) zusammengesetzt sind. Balkaneichen-Zerreichenwälder (Quercetum frainetto-cerris macedonicum) sind am deutlichsten auf der an den großen Prespa-See angrenzenden Seite des Galicica-Gebirges ausgebildet. Hier reichen sie bis in eine Höhe von 1.100 Metern.

Oberhalb des submediterranen und subkontinentalen Einflusses werden Traubeneiche und Zerreiche von **Elsbeere** (Sorbus torminalis), **Schneeballblättrigem Ahorn** (Acer obtusatum) und **Gemeiner Esche** (Fraxinus excelsior) abgelöst. Diese Wälder sind der Gesellschaft Orno-Quercetum petraeae zuzuordnen.

Im albanischen Teil des Prespa-Ohrid-Gebiets ist der Eichenwaldgürtel aufgrund der intensiven Nutzung zur Gewinnung von Brennholz und Viehfutter (durch sogenanntes Schneiteln werden die frischen Triebe der Eichen geschnitten und als Viehfutter verwendet) sowie die Beweidung durch Ziegen stark degeneriert. Eindeutige Zeichen für diese Übernutzung sind großflächige Bestände des **Adlerfarns** (Pteridium aquilinum) sowie des **Gemeinen Wacholders** (Juniperus communis). Beide Arten sind starkwüchsig und unterbinden die natürliche Regeneration von Eichensämlingen.

Als weitere Arten kommen in diesen degradierten Strauch- und Gebüschformationen – neben den Baumarten der Eichenzone – **Weißdorn** (Crataegus monogyna), **Kornelkirsche** (Cornus mas), **Haselnuss** (Corylus avellana) und **Hundsrose** (Rosa canina) vor. Unter anderem kann hier auch der beweidungsresistente **Buchs** (Buxus sempervirens) stark vorherrschen.
Die zwischen 0,5 und 2,5 m hohen Gebüschformationen entsprechen der mediterranen „Macchie" bzw. „Phrygana" und werden auf dem Balkan auch als „Šibljak" bezeichnet.

In höheren Lagen lockern Wiesen und Weiden den Eichenwaldgürtel auf. Diese Pflanzengesellschaften sind den Trocken- und Halbtrockenrasen (Festuco-Brometea) zuzuordnen. Kontinentale und submediterrane Elemente verschmelzen in diesen Bereichen, so dass sich Übergänge zwischen den kontinentalen Federgrasrasen und den submediterranen Trespenrasen ausbilden. Feuchte Bereiche mit Quellen und Bächen, an denen Glatthafer-Grünlandgesellschaften des Molinio-Arrhenatheretea vorkommen, finden sich nur selten im Eichengürtel.

Eine Besonderheit in den von Eichenwäldern dominierten Höhenlagen sind auch die Esskastanien-Wälder (Castanetum sativa macedonicum).

Die **Ess- oder Edelkastanie** (Castanea sativa), welche die namensgebende Hauptbaumart dieser Waldgesellschaft darstellt, bevorzugt frische, lockere und tiefgründige, jedoch kalkarme Böden. Ihr genauer Ursprung ist unbekannt; in Südosteuropa dürfte sie heimisch sein. Aber erst durch die Einwirkung des Menschen haben sich schon vor mehr als 2.500 Jahren großflächige Edelkastanien-Bestände auf der Balkanhalbinsel ausgebildet. Insbesondere die Römer sorgten im Altertum planmäßig für den großflächigen Anbau und die Veredelung dieses so vielseitig nutzbaren Baumes. In ihrem Einflussbereich wurden auf allen geeigneten Standorten Kastanienpflanzungen angelegt. Dabei unterschied man zwischen „Selven", d.h. Hainen aus gepfropften (veredelten) hochstämmigen Fruchtbäumen, unter denen das Vieh weiden konnte und die das Zusammenharken des Falllaubes als Stallstreu erlaubten, und sogenannten „Palinen". Solche niederwaldartig genutzten Bestände unveredelter Kastanien lieferten den damaligen Weinbauern haltbare Pfähle zum Aufbinden ihrer Weinstöcke. Die ehemaligen Palinen machen heute einen ähnlichen Eindruck wie Eichenmischwälder, die ebenfalls als Niederwälder genutzt und durchweidet wurden.

Ess- oder Edelkastanie (Castanea sativa)

Bild: M. Schneider-Jacoby

Die Esskastanien-Wälder im Prespa-Ohrid-Gebiet bestehen neben der **Esskastanie** (C. sativa) aus **Traubeneiche** (Q. petraea), **Silberlinde** (Tilia argentea) und **Rotbuche** (Fagus sylvatica). Die Krautschicht setzt sich aus **Adlerfarn** (Pteridium aquilinum), **Waldhabichtskraut** (Hieracium sylvaticum), **Grünblütigem Fingerhut** (Digitalis viridiflora) und **Nesselblättriger Glockenblume** (Campanula trachelium) zusammen.

Esskastanien-Wälder wachsen unter anderem in den Hügeln nahe Pogradec, Verdova, Geshtenjas und Leshnica auf der albanischen Seite des Ohrid-Sees, sind aber auch in den Ausläufern des mazedonischen Jablanica-Gebirges zu finden. Da die Kastanien jedoch nicht nur wegen ihrer Früchte, sondern auch wegen ihres schön gemaserten Holzes einen hohen Wert haben, wurden sie in vielen Bereichen stark eingeschlagen und als wertvolles Möbelholz verkauft. Ihre letzten Bestände sind daher heute eine Seltenheit.

In Höhenlagen zwischen 1.300 bis 1.800 Metern schließen sich an den Eichengürtel Buchenwälder an. Im Wesentlichen lassen sich drei verschiedene Buchenwaldgesellschaften unterscheiden.

Auf nordexponierten Hängen in den unteren Lagen des Buchengürtels findet sich das sogenannte Festuco heterophyllae-Fagetum, eine Buchenwaldgesellschaft, für die neben der dominierenden **Rotbuche** (Fagus sylvatica) die **Traubeneiche** (Quercus petraea) charakteristisch ist. Vereinzelt kommen auch der **Schneeballblättrige Ahorn** (Acer obtusatum) und die **Blumenesche** (Fraxinus ornus) vor.

In kontinental-montanen Lagen herrscht das Calamintho grandiflorae-Fagetum vor, eine Baumgesellschaft, in der neben der Rotbuche als Hauptbaumart die **Bulgarische Tanne** (Abies borisii-regis) vorkommt. Das Verbreitungsgebiet dieser Tanne ist auf Gebirgslagen des Balkans (Albanien, Mazedonien, Serbien, Kosovo, Bulgarien, nördliches Griechenland) in Höhenlagen zwischen 800 und 1.800 Metern beschränkt. Eine ausschlaggebende Standortbedingung ist ein durchschnittlicher Jahresniederschlag über 1.000 mm. Morphologisch steht die Bulgarische Tanne zwischen **Weißtanne** (Abies alba) und **Griechischer Tanne** (Abies cephalonica). Noch ist umstritten, ob die Bulgarische Tanne wirklich eine eigene Art bildet.

Typisch für die Bulgarische Tanne ist eine stark verzweigte und häufig mehrgipfelige Krone. Ihre Benadelung ist derjenigen der Weißtanne sehr ähnlich, lässt sich aber vor allem durch die blass kaffeebraune Färbung der Triebe, bedingt durch eine feine, dichte Behaarung, von dieser unterscheiden.

Der wissenschaftliche Artname erinnert an Zar Boris III, in dessen Regierungszeit die Bulgarische Tanne im Jahr 1925 erstmals wissenschaftlich beschrieben wurde.

Das Calamintho grandiflorae-Fagetum hat ein relativ beschränktes Verbreitungsgebiet; im Galicica-Nationalpark gibt es nur einen einzigen Standort, auf dem sich diese spezielle Waldgesellschaft ausgebildet hat, nämlich ein nordexponierter Hang des Stara Galicica.

In subalpinen Lagen herrscht das Fagetum subalpinum scardo-pindicum vor. Diese Buchenwaldgesellschaft ist der davor beschriebenen von der Zusammensetzung her sehr ähnlich, unterscheidet sich von dieser jedoch in den Wuchsformen der einzelnen Bäume. Aufgrund der schlechteren Standortbedingungen, wie etwa geringere Temperaturen und weniger tiefgründige und damit auch nährstoffärmere Böden, gedeihen die Bäume hier weniger gut und erscheinen gedrungen.

Die genaue Zusammensetzung der krautigen Vegetation des Buchenwaldgürtels ist abhängig von der jeweiligen Waldgesellschaft. Typische Arten für diesen Bereich, die beispielsweise auf natürlichen oder durch Kahlschlag entstandenen Lichtungen wachsen, sind **Waldzwenke** (Brachypodium sylvaticum), **Blutwurz** (Potentilla erecta), **Birngrün** (Orthilia secunda), **Wiesenschlüsselblume** (Primula veris), **Waldmeister** (Galium odoratum), **Mandelblättrige Wolfsmilch** (Euphorbia amygdaloides), **Wald-Bingelkraut** (Mercurialis perennis), **Turiner Waldmeister** (Galium taurinum), **Wurmfarn** (Dryopteris filix-mas), **Großer Wiesenknopf** (Sanguisorba officinalis), **Zwiebelzahnwurz** (Dentaria bulbifera), **Hundszahn** (Erythronium dens-canis), **Waldgeißbart** (Aruncus dioicus) und **Lanzenschildfarn** (Polystichum lonchitis).

Typisch für Lichtungen im Buchenwaldgürtel: Zwiebelzahnwurz (Dentaria bulbifera).

Bild: MES

Die an sich für den Übergang zur nächsten Vegetationszone, den alpinen Weiden, typischen Waldgesellschaften sind heute nahezu vollständig verschwunden. Die dem sogenannten Pinion heldreichii zugehörigen Waldgesellschaften werden von der **Schlangenhautkiefer** (Pinus heldreichii; Synonyme P. leucodermis), auch **Lorica-Kiefer** genannt, dominiert. Sie wächst auf Felsen und bildet an ihren Standorten, zusammen mit der Rotbuche, meist die Baumgrenze.

Die schwachwüchsige, aber langlebige Schlangenhautkiefer bevorzugt kalkreiche Standorte und ist daher typisch in der Grenzregion des Waldes in Karstbergen, zu denen auch das Galicica-Massiv zählt.

Auffälligstes und namenprägendes Merkmal dieser Kiefer ist die schimmernde, in vieleckige Platten zerteilte Rinde, die mit etwas Fantasie an die Haut eines Reptils erinnert. Charakteristisch ist auch der verdrehte Wuchs des Baumes, der einzeln oder in kleinen Gruppen wächst. Nicht selten wird die Schlangenhautkiefer bis zu 1.000 Jahre alt. In den Gebirgen der Prespa-Ohrid-Region ist diese Kiefern-Art nur noch im Galicica-Gebirge zu finden.

Im Prespa-Ohrid Gebiet sind Bestände der Schlangenhautkiefer nur an den Hängen des Galicica-Gebirges zu finden.

Eine weitere Besonderheit, die man unter anderem im albanischen Teil des Jablanica-Shebenik-Gebirges in Höhen von rund 1.700 Metern findet, sind die von der fünfnadeligen **Mazedonischen Kiefer** (Pinus peuce), auch **Molika-Kiefer** genannt, dominierten Wälder. In ihrer Krautschicht wachsen verschiedene endemische Arten, darunter **Festucopsis serpentini**, eine zu den Süßgräsern zählende Schwingelart, **Orangerote Nelkenwurz** (Geum coccineum), **Trauben-Steinbrech** (Saxifraga paniculata) und **Schildfarn** (Polystichum aculeatum).

Die Orangerote Nelkenwurz wächst in der Krautschicht von Molika-Wäldern.

An ihren fünf Nadeln zu erkennen: Die Mazedonische oder Molika-Kiefer (P. peuce).

Wiesen und Weiden

Die subalpine Vegetationsstufe stellt den Übergang vom geschlossenen Wald (montane Stufe, bis ca. 1.800 m) zu den alpinen Rasen (alpine Stufe, ab ca. 2.000 m) dar. Als Übergangszone umfasst sie unterschiedliche Vegetationsformen wie aufgelockerten Wald, Krummholz und Kleinsträucher. Die subalpine Stufe ist jedoch in vielen Gebirgen stark vom Menschen und dessen Nutzvieh beeinflusst, so dass sie heute vorwiegend aus Weiden besteht. Insbesondere in den albanischen Gebirgen, so etwa in den Bergregionen Shebenik und Mali e Thate, finden sich sogenannte subalpine Weiden, die sich hier in Nord-Süd Richtung erstrecken.

Bild: A. Spangenberg

Subalpine Weide im Shebenik-Gebirge

Abhängig von Exposition, Feuchtigkeit und Bodenbeschaffenheit sind diese teils den Glatthafer-Grünlandgesellschaften (Molinia-Arrhenateretea), teils den Trocken- und Halbtrockenrasen (Festuco-Brometea) zuzuordnen. Wie auch im Eichenwaldgürtel treffen in der subalpinen Zone submediterrane und kontinentale Vegetationselemente, nämlich submediterraner Halbtrockenrasen (Brometalia) und kontinentaler Steppenrasen (Festucetalia) aufeinander. Dies macht die subalpinen Bereiche aus pflanzengeographischer und –soziologischer Sicht besonders interessant.

Charakteristisch für die subalpinen Weiden im Mali e Thate sind auch Zwergsträucher bis ca. 50 cm Höhe wie etwa die Zwergform des **Gemeinen Wacholder** (J. communis ssp. nana), **Heidelbeere** (Vaccinium myrtillus) und **Zwergginster** (Chamaecytisus polytrichus). Zwischen diesen Sträuchern wachsen kälteresistente Gräser wie **Buntes Reitgras** (Calamagrostis varia) und Kräuter wie etwa **Blutwurz** (Potentilla erecta). Auch das **Rote Waldvögelein** (Cephalanthera rubra) trifft man in diesem Bereich an.

Im Gegensatz zu den subalpinen Weiden sind die alpinen Wiesen und Weiden in sämtlichen Gebirgen des Gebiets zu finden. Je nach Standortbedingung herrschen unterschiedliche Pflanzengesellschaften vor. Charakteristisch für alle alpinen Weiden in den Gebirgen der Prespa-Ohrid-Region sind jedoch sogenannte Xerophyten. Darunter versteht man Pflanzen, die sich an extrem trockene Standorte angepasst haben und die sich vor allem durch ihren geringen Bedarf an Wasser auszeichnen. Um sich vor Feuchtigkeitsverlust zu schützen, haben diese Pflanzen besondere Merkmale entwickelt, so etwa eine dichte Behaarung oder eine Wachsschicht auf den Blättern, welche die Spaltöffnungen der Blätter vor Wind und Sonne und damit vor dem Austrocknen schützen.

Xerophyten (auch xeromorphe Pflanzen genannt) sind die für Karstregionen mit geringer Bodenauflage typischen Pflanzen.

Auch im albanischen Gebirge Mali e Thate sowie im Galicica-Gebirge in Mazedonien herrschen in Höhenlagen ab ca. 1.900 Metern bis zu den Berggipfeln vor allem Wiesen und Weiden mit trockenheitsliebenden bzw. –resistenten Pflanzen vor. Typische Arten für diese Weiden sind **Alpengänsekresse** (Arabis alpina), **Alpenfrauenmantel** (Alchemilla alpina), **Alpenaster** (Aster alpinus), **Schwarzrandige Schafgarbe** (Achillea atrata) sowie verschiedene **Schwingelarten** (Festuca sp.), **Federgras** (Stipa pulcherrima), **Borstgras** (Nardus stricta) und **Ruchgras** (Anthoxanthum odoratum).

Auf feuchteren Standorten im Gebirge Mali e Thate - etwa an Quellaustritten - dominieren feuchtigkeitsliebende Arten wie **Sumpfkratzdistel** (Cirsium palustre), **Schaumkraut** (Cardamine spec.), **Weißer Germer** (Veratrum album), **Grauer Alpendost** (Adenostyles alliariae) und **Alpenweidenröschen** (Epilobium alpinum).

Bilder: MES

Als feuchtigkeitsliebende Art kennzeichnet der Graue Alpendost (Adenostyles alliariae) die wenigen feuchten Standorte im Gebirge Mali e Thate.

Gut an die Trockenheit im Mali e Thate angepasst: die Alpenaster (Aster alpinum).

Weitverbreitet auf den alpinen Weiden des Gebirgszugs Mali e Thate sind **Waldzwenke** (Brachypodium sylvaticum), **Fiederzwenke** (B. pinnatum), **Aufrechte Trespe** (Bromus erectus), **Weißklee** (Trifolium repens), verschiedene Thymianarten (Thymus sp.; siehe dazu auch „Heilpflanzen am Prespa See" Seite 85), **Kleines Habichtskraut** (Hieracium pilosella), **Alpensteinquendel** (Acinos alpinus), **Färberginster** (Genista tinctoria), **Silberhornkraut** (Cerastium tomentosum), **Karthäusernelke** (Dianthus carthusianorum), **Büschelglockenblume** (Edraianthus graminifolius) und **Zwergstorchschnabel** (Geranium cinereum).

Des Weiteren beherbergen die alpinen Weiden von Mali e Thate einige Balkan-Endemiten, darunter **Asyneuma limonifolium, Alyssum corymbosum, Astragalus depressus, Anthemis pindicola, Dianthus minutifolius** und **Arabis caucasica**.

Bild: MES

Die Büschelglockenblume (Edraianthus graminifolius) ist auf den Weiden des Mali e Thate weitverbreitet.

Im Galicica- sowie im Jablanica- und in Teilen des Shebenik-Gebirges sind die alpinen Wiesen und Weiden im Wesentlichen den Steinrasengesellschaften Onobrychetum selerietalia und Seslerietalia comosae zuzuordnen. Erstere Gesellschaft wird charakterisiert durch das Vorkommen einer Vielzahl von Unterarten wie etwa des **Grannenmaier** (Asperula aristata ssp. scabra), der **Bibernelle** (Pimpinella tragium ssp. lithopyhlla), der **Wiesenschlüsselblume** (Primula veris ssp. columnae) und des **Wundklee** (Anthyllis vulneraria ssp. puchella). Weitere Arten sind **Segge** (Carex laevis), **Felsenblümchen** (Draba athoa) und **Gewöhnliche Kreuzblume** (Polygala vulgaris).

Charakteristische Arten für das auf kalkreichen, steinig-trockenen Böden sonnig-warmer Standorte in diesen Gebirgen gedeihende Seslerietalia comosae sind **Feldhainsimse** (Luzula campestris), **Färberginster** (Genista tinctoria), **Hoppes Habichtskraut** (Hieracium hoppeanum), **Gebirgshahnenfuß** (Ranunculus oreophilus ssp. balcanicus), **Zwergaugentrost** (Euphrasia minima), **Ziest** (Stachys tymphaea) und **Hellerkraut** (Thlaspi kovatsii).

Sonderstandorte

Neben den oben beschriebenen Pflanzengesellschaften finden sich rund um Ohrid- und Prespa-Seen verschiedene Standorte, die einigen ganz besonderen Pflanzenarten und –gesellschaften Lebensraum bieten.

So beherbergt etwa das Galicica-Gebirge eine Vielzahl von Lokal-Endemiten, also solcher Pflanzenarten, die ausschließlich dort vorkommen. Das macht das Gebirge zu einem der wichtigsten Standorte für endemische Arten in ganz Mazedonien.

Insgesamt konnten im Rahmen von Pflanzenaufnahmen im Gebiet des Galicica-Nationalparks 14 Lokal-Endemiten nachgewiesen werden, darunter **Galicica-Flockenblume** (Centaurea galicicae), **Galicica-Nelke** (Dianthus galicicae), **Schwingel** (Festuca galicicae), **Ohrid-Berglaserkraut** (Laserpitium orchidanum), **Galicica-Steinkraut** (Alyssum galicicae), **Prespa-Kugeldistel** (Echinops bannaticus ssp. prespaensis) und **Galicica-Hauswurz** (Sempervivum galicicum).

Doch das Galicica-Gebirge hat noch mehr zu bieten. Hier findet man einige Baumarten bzw. Pflanzengesellschaften, die aufgrund ihrer Seltenheit im Prespa-Ohrid-Gebiet und ihres auf die Balkanregion beschränkten Vorkommens besondere Aufmerksamkeit verdienen.

Besonders bemerkenswert sind die verstreuten Bestände des **Griechischen Wacholder** (Juniperus excelsa), die noch aus der Zeit vor der Ausweisung des Galicica-Nationalparks im Jahr 1958 stammen. Damals war das Galicica-Gebirge durch starke Beweidung und Brennholzgewinnung stark übernutzt und deshalb in weiten Teilen unbewaldet. Seit der Ausweisung des Nationalparks ist die Nutzung des Gebirges in den meisten Bereichen stark zurückgegangen und der Griechische Wacholder wird immer stärker durch die im Zuge der natürlichen Sukzession aufkommenden Eichen, beispielsweise der **Trojanischen Eiche** (Quercus trojana), verdrängt. Diese wächst auf nährstoffarmen und trockenen Böden. Beide Arten sind aufgrund ihrer ähnlichen Ansprüche bzw. Toleranzen auch vergesellschaftet anzutreffen. Standorte, an denen beide Arten vorkommen, sind heute streng geschützte Bereiche, und so findet hier keine Nutzung, aber auch keine Pflege mehr statt. Weil jedoch eine natürliche Regeneration von Wacholder und Trojanischer Eiche nicht stattfindet, werden beide Baumarten ohne gezielte Pflegemaßnahmen zur Bestandserhaltung schlussendlich im Zuge der natürlichen Sukzession durch andere Baumarten verdrängt werden.

Auch das Jablanica-Gebirge ist von floristischer Bedeutung. Sieben Arten konnten in Mazedonien bisher ausschließlich im Jablanica-Gebirge nachgewiesen werden, darunter **Jablanica-Nelke** (Dianthus jablanicensis), **Mazedonische Schachbrettblume** (Fritillaria macedonica) sowie die **Habichtskrautart** Hieracium heteromixtum, die **Distelart** Cirsium erisithalis und **Soldanella dimoniei**, eine **Alpenglöckchenart**.

Besondere Farbtupfer stellen die ebenfalls im Jablanica-Gebirge wachsende gelbe **Albanische Lilie** (Lilium albanicum) sowie ihre orangefarbene „Schwester", die **Chalzedonische Lilie** (Lilium chalcedonicum) dar, die ab Juli blühen.

Besondere Farbtupfer im Jablanica-Gebirge: Albanische und Chalzedonische Lilie.

Ein besonders interessanter Standort findet sich unweit des Ortes Oxia im griechischen Prespa-Nationalpark. Hier findet man eines der wichtigsten Vorkommen der Weißen Narzisse (Narcissus poeticus spp. poeticus), auch Dichternarzisse genannt.

Früher war diese wilde Narzisse, die kalkarme und feuchte Standorte wie Feuchtwiesen und Flachmoore bevorzugt, im gesamten Gebiet weit verbreitet. Inzwischen aber sind alle Restvorkommen stark gefährdet.

Ebenfalls nur im griechischen Prespa-Nationalpark wurde das bei uns weit verbreitete **Schneeglöckchen** (Galanthus nivalis) nachgewiesen. Es wächst in einer rund 100 Meter breiten Zone entlang des Agios Germanos und wird in der Roten Liste Griechenlands geführt.

Auch die im albanischen Teil des Großen Prespa-Sees gelegene Insel Golem Grad, die unbewohnt und daher kaum anthropogenen Einflüssen ausgesetzt ist, weist einige botanische Kostbarkeiten auf. Hier sind besonders eine **Tragant-Art** (Astragalus acutifolius), **Meerträubel** (Ephedra campylopoda), **Schmalblättriges Biarum** (Biarum tenuifolium), **Lerchensporn** (Corydalis ochroleuca) und **Madonnenlilie** (Lilium candidum) zu nennen.

Die Heilpflanzen vom Großen Prespa-See

Etwa 70 Heilpflanzen, die zu kosmetischen und pharmazeutischen Zwecken genutzt oder als Tee zubereitet werden, wachsen rund um die Seen der Prespa- und Ohrid-Region. Sie werden von der lokalen Bevölkerung gesammelt und – je nach Art – für den Eigenbedarf getrocknet oder an Zwischenhändler verkauft. Einige Arten wie etwa der **Bergtee** (Sideritis raeseri) werden bis nach Deutschland, Italien und zum Teil sogar in die USA exportiert. Die Art bevorzugt trockene Wiesen in Eichen- und Buchengürteln. Dort kommt die Pflanze regelmäßig, jedoch nicht extrem häufig vor.

Da Bergtee aufgrund seiner entkrampfenden und beruhigenden Wirkung, zur Vorbeugung von Erkältungskrankheiten oder zur Bekämpfung von Atemwegserkrankungen, aber auch wegen seines angenehmen Geschmacks viele Abnehmer findet, wurde und wird er von der lokalen Bevölkerung in großen Mengen gesammelt. Dies führte in den letzten Jahren zu einem starken Rückgang der Wildpflanze.

Eine Maßnahme gegen die Übernutzung von Bergtee ist es, die Bevölkerung am Großen Prespa-See bei der Kultivierung der Pflanze zu unterstützen. Inzwischen gibt es dort 25 Familien, die Bergtee anbauen. Der Ertrag pro 100 m² liegt zwischen 25 und 50 kg Trockenware, der Marktpreis pro Kilo bei rund 9 €.

Ferner findet man am Großen Prespa-See Salbei, der wie Bergtee reich an ätherischen Ölen ist. Die für die Region typische Salbeiart ist Salvia ringens. Des Weiteren kommen Salvia verticillata und Salvia sclarea vor. Letztere hat ihr natürliches Verbreitungsgebiet eigentlich am Mittelmeer, so dass das Vorkommen in der Prespa-Region vermutlich auf Anpflanzung zurückgeht.

Echtes Johanniskraut (Hypericum perforatum), auch Tüpfel-Hartheu genannt, wächst vereinzelt in den degenerierten Eichenwäldern, ist aber wie Bergtee nicht häufig. Kommerzielles Sammeln lohnt sich daher nicht. Da Johanniskraut jedoch bei einer Vielzahl von Gebrechen sowohl äußerlich als auch innerlich angewendet werden kann, könnte sich, wie beim Bergtee, der gezielte Anbau lohnen.

Thymian ist vor allem als Gewürzpflanze bekannt, kann aber aufgrund seines hohen Gehaltes an ätherischen Ölen auch bei Husten und anderen Erkältungskrankheiten eingesetzt werden. Bei der am Prespa-See vorkommenden Thymianart handelt es sich um Thymus longicaulis. Er bevorzugt sonnige, trockene und offene Flächen, wie sie unter anderem in der Eichenzone und in Bereichen mit Wacholder zu finden sind. T. cherlerioides, eine weitere Thymian-Art, die am Prespa-See wächst, tritt vor allem auf alpinen Weiden auf. Beide Arten profitieren von extensiver Beweidung. Auch **Oregano** (Origanum vulgare) ist hier zu finden.

Bild: G. Willinger

Diptam (Dictamnus alba), bei uns vermutlich weniger als Heilpflanze bekannt, wird in Albanien als Tee wie als Medizinpflanze genutzt. Man sagt ihr fiebersenkende Wirkung nach und eine aus den Blüten und Blättern gewonnene Tinktur gilt als bewährtes Einreibemittel gegen Rheumatismus. Diptam wächst in den degenerierten Eichen- und Wacholderwäldern auf der Ostseite des Mali e Thate und an den Hängen von Kallamas. Weitere Heilpflanzen sind **Kamille** (Matricaria recutita) und verschiedene Arten von **Minze** (Mentha).

Bild: MES

Der Bergtee (Sideritis raeseri) ist eine wichtige Heilpflanze in der Prespa-Ohrid-Region.

Die Tierwelt

Die Tierwelt

Die abwechslungsreiche Landschaft im Prespa-Ohrid-Gebiet ist nicht nur aus geologischer, geographischer und floristischer Sicht interessant, sondern bietet auch Lebensräume für eine Vielzahl verschiedener Tierarten. Besonders beeindruckend ist die hohe Anzahl von Endemiten in den Seen. Aber auch in den angrenzenden Bergregionen des Prespa-Nationalparks (Mali e Tathe), des Galicica-Nationalparks (Galicica-Massiv) und des Jablanica-Shebenik-Gebirges leben einige Unterarten, die nur hier vorkommen.

Großsäuger

In den weitläufigen, dünn besiedelten Berglandschaften des Prespa-Ohrid-Seengebiets findet man manche Säugetiere, die in anderen Teilen Europas, insbesondere bei uns in Mitteleuropa, nahezu verschwunden sind. So bieten vor allem die Bergwälder in den Gebirgen auf mazedonischer Seite (Jablanica und Galicica) Großsäugern wie **Wolf** (Canis lupus), **Braunbär** (Ursus arctos), **Luchs** (Lynx lynx) und **Wildkatze** (Felix sylvestris) Lebensraum. Auch auf der albanischen Seite der Grenze gibt es Nachweise dieser Arten, doch sind sie hier aufgrund von weniger hochwertigen Lebensräumen und dem damit zusammenhängenden Mangel an Beutetieren insgesamt seltener.

In den mazedonischen Gebirgen des Gebiets noch weit verbreitet: der Wolf.

Eine Besonderheit ist der im Prespa-Ohrid-Gebiet heimische Luchs. Hier handelt es sich aller Wahrscheinlichkeit nach nicht um den in Mittel-, Nord- und Osteuropa und eben auch in anderen Balkan-Regionen vorkommenden Eurasischen Luchs (Lynx lynx), sondern, wie dies neueste genetische Studien nahelegen, um eine eigene Unterart: den sogenannten **Balkanluchs** (L. lynx martinoi).

Das Verbreitungsgebiet des Balkanluchs beschränkt sich auf den südwestlichen Balkan (Montenegro, Albanien, Mazedonien, Kosovo, evtl. auch Griechenland). Schätzungen zufolge leben hier, und zwar vor allem in den jahrzehntelang isolierten Grenzregionen zwischen den genannten Ländern, nur noch etwa 100 Luchse – Tendenz sinkend. Damit zählen diese Tiere zur am stärksten vom Aussterben bedrohten ursprünglichen Luchspopulation in Europa.

Die Bedrohungen für den Luchs sind vielfältig. Wegen Übernutzung der Wälder für die Brenn- und Bauholzgewinnung fehlen ihm - vor allem in Albanien - ausreichend große und zusammenhängende Lebensräume. Aus dem selben Grunde herrscht auch ein Mangel an Beutetieren, der durch meist illegale Jagd auf die geschrumpften Wildbestände weiter verschärft wird. Doch auch der Luchs selbst fällt immer wieder Wilderern zum Opfer, die es auf seltene Trophäen abgesehen haben oder aber der Raubkatze die Schuld an gerissenen Haustieren geben. Dass der Balkanluchs kurz vor dem Aussterben steht und er zu den geschützten Arten zählt, ist nur den wenigsten Menschen in den Luchsgebieten bekannt.

Bild: D. Nill

Nur noch etwa 100 Exemplare des Balkanluchs leben in den Grenzregionen zwischen Albanien und dem früheren Jugoslawien. Der Balkanluchs ist seinem eurasischen Verwandten (Bild) sehr ähnlich.

Gämse (Rupicapra rupicapra) und **Reh** (Capreolus capreolus) sind wichtige Beutetiere für den Luchs und kommen sowohl im Jablanica- und Shebenik- als auch im Galicica-Gebirge vor. Ob auch der **Feldhase** (Lepus europaeus), der ebenfalls im Galicica-Gebirge lebt, zum Nahrungsspektrum des Luchses gehört, ist bisher nicht bekannt.

Bei der im Gebiet verbreiteten Gämse handelt es sich um die sogenannte Balkangämse (R. rupicapra balcanica), die in vielen Bergregionen der Halbinsel zu finden ist. In einigen Gegenden wurde sie durch intensive Bejagung an den Rand der Ausrottung gebracht, doch seit sie in die Liste der prioritär schutzwürdigen Arten der europäischen FFH-Richtlinie (Fauna-, Flora- und Habitat-Richtlinie) aufgenommen wurde und für sie gezielte Schutz- und Wiedereinbürgerungsprojekte (u.a. in Bulgarien) laufen, erholt sich ihr Bestand.

Bild: K. Valchev

Durch intensive Bejagung nahezu ausgerottet: die Balkangämse.

Anders als in den meisten europäischen Regionen kommen Wölfe und Bären im Prespa-Ohrid-Gebiet wie auch den angrenzenden Gebirgsregionen noch häufig vor. Beide Arten leben vor allem in den dichten Bergwäldern auf der mazedonischen Seite der Grenze. Als Arten mit weniger spezifischen Lebensraumansprüchen und breiterem Nahrungsspektrum als der Luchs haben sie sich jedoch auch mit den weniger guten Bedingungen auf der albanischen Seite arrangiert. Vor allem der Wolf beweist hier seine Anpassungsfähigkeit. So wurden **Wildschwein** (Sus scrofa) und **Rothirsch** (Cervus elaphus) im albanischen Teil des Gebietes ausgerottet. Im mazedonischen Teil hingegen sind Wildschweine noch weit verbreitet und Rothirsche kommen dort zumindest noch im Galicica-Gebirge vor. Beide Arten stehen bevorzugt auf der Speisekarte des Wolfs. Wo sie jedoch nicht zu finden sind, passiert es immer wieder, dass Wölfe Schafe einer nicht oder nur unzureichend bewachten Herde reißen. Dies macht Meister Isegrim weder bei der albanischen noch bei der mazedonischen Bevölkerung beliebt.

Šarplaninac – Helfer der Hirten

Noch bis vor wenigen Jahrzehnten war es üblich, die im Sommer auf den Bergweiden gehaltenen Schafherden mit speziell ausgebildeten Schutzhunden zu bewachen. Eine für die Region typische, über Jahrhunderte hinweg gezüchtete Schutzhunderasse ist der Šarplaninac, der vor allem die Herden im Kosovo, Serbien und Mazedonien begleitete. Sein Name stammt von dem an der Grenze zwischen dem Kosovo und Mazedonien gelegenen Gebirge Šar Planina.

Šarplaninacs ließ man oft lange Zeit mit einer Herde allein; sie waren dann völlig auf sich gestellt. Gut ausgebildet, sind sie durchaus in der Lage, „ihre" Herde gegen Wölfe zu verteidigen. Dabei kommt der Name „Wolfstöter", wie die Einheimischen diese Hunde auch heute noch nennen, sicher nicht von ungefähr.

Doch die traditionellen Hüteformen gerieten in Vergessenheit und damit auch das Wissen um die „richtigen" Schutzhunde sowie deren Ausbildung und Haltung. Die Schafhaltung, früher eine wichtige Einkommensquelle, hat stark an Bedeutung verloren. Auch werden die wenigen verbliebenen Herden heute nur noch selten über einen langen Zeitraum hinweg auf weit entfernte Bergweiden getrieben, sondern grasen überwiegend in Dorfnähe. Sollte es hier ein Wolf auf die Schafherde abgesehen haben, ist es weitaus einfacher, sich ein Gewehr zu besorgen und das Problem auf diese Art zu lösen. Hinzu kommt, dass man so auch gleich eine ansehnliche Jagdtrophäe präsentieren kann. Gelingt es andererseits, die bewährten Herdenschutzhunde wieder einzuführen, wäre dies ein wichtiger Schritt für den Wolfsschutz. Denn je weniger Weidetiere von Wölfen gerissen werden, desto eher lässt sich ihre Duldung in der Bevölkerung durchsetzen.

Bild: L. Melovski

Gut ausgebildete Herdenschutzhunde sind in der Lage, Wölfe in die Flucht zu schlagen.

Zwar ist der Wolf eine in Europa laut Berner Konvention streng geschütz-te Art, und eine Zeitlang galt er in Mazedonien nach dem Vorstoß einiger weniger Parlamentsabgeordneter tatsächlich als geschützt. Doch als die Regierung erkannte, dass sie sich damit den Zorn vieler Jäger (und Wäh-ler!) zuzog, wurde der Wolf kurzerhand wieder als jagdbare Art eingestuft. Zwar werden derzeit nicht – wie vor einigen Jahren noch – Abschussprä-mien gezahlt, doch auch deren Wiedereinführung ist zu befürchten. Dann wäre das Leben eines Wolfes nur noch rund 50 € wert.

In der albanischen Gesetzgebung gibt es bislang keinen Paragraphen, der den Status des Wolfes klar definiert. Dennoch findet man in Publikatio-nen Hinweise darauf, dass er nach dem albanischen Jagdgesetz von 1994 als schützenswerte Art gilt und es einer besonderen Erlaubnis bedarf, Wölfe zu töten. In der Praxis merkt davon man allerdings wenig.

Dem **Braunbären** (Ursus arctos) kommt zugute, dass sein Nahrungsspek-trum weitaus breiter als das des Wolfes ist. Als Allesfresser frisst er Fleisch – sowohl Aas als auch selbst erlegte Beute - lebt aber vorwiegend von pflanzlicher Nahrung sowie Insekten und anderen Kleintieren. Dabei rich-tet sich sein Speiseplan nach dem jahreszeitlich bedingten Angebot. So ernähren sich Bären im Frühjahr nach der Winterruhe von Kräutern, Gras und - sofern verfügbar - von im Winter verendetem Wild und anderem Aas, um ihre Fettreserven aufzufüllen. Besonders in dieser Phase greifen sie auch auf Insekten wie etwa Ameisen zurück, die dann gleich „hau-fenweise" verspeist werden. Im Sommer ernähren sich Braunbären von Kirschen und verschiedenen Beeren, zum Spätsommer hin von Äpfeln und Pflaumen, wobei dafür teils auch auf Früchte aus Obstgärten zurückge-griffen wird. Im Herbst gilt es, Fettreserven für die Winterruhe anzulegen und Kastanien, Eicheln und Bucheckern dienen als Hauptnahrung. Auch Maisäcker sind dann im wahrsten Sinne des Wortes „gefundenes Fressen".

Wenngleich Allesfresser, sind Bären aber auch ausgemachte Schlecker-mäuler, die Varianten im Speiseplan sehr zu schätzen wissen. Eine be-gehrte Delikatesse ist Honig, und so gibt es immer wieder Berichte von Bären, die Bienenstöcke plündern. Doch auch hier gilt wie beim Wolf: sind Gärten, Maisäcker und Bienenstöcke ausreichend geschützt, kann der Bär nicht eindringen und Konflikte werden von vornherein vermieden.

Die Wahrscheinlichkeit, Wolf, Bär oder gar Luchs bei einer Wanderung zu begegnen, ist gering, denn alle drei Arten sind sehr scheu. Mit etwas Glück und Aufmerksamkeit kann man jedoch auf ihre Spuren treffen, so etwa einen Tatzenabdruck im Schlamm einer austrocknenden Pfütze. Umgedrehte Steine deuten auf Bären hin, die auf der Suche nach Insekten waren. Mit etwas Sachkenntnis ist auch an Kotresten die Anwesenheit der Tiere erkennbar.

Bild: D. Nill

Noch gibt es viel Bären-Nachwuchs in der Prespa-Ohrid-Region.

Da der Luchs ein sehr verstecktes Dasein führt und im Gebiet extrem selten ist, muss man großes Glück und einen geübten Blick haben, um auf Hinweise zu stoßen, die auf das Vorkommen dieser Art hindeuten. Am ehesten noch sind im Winter Spuren im Schnee zu entdecken, die ein Luchs bei seinen Beutestreifzügen hinterlassen hat.

Neben den erwähnten großen Beutegreifern Wolf, Bär und Luchs kommen im Gebiet weitere, allerdings kleinere, der Ordnung der Raubtiere (Carnivora) angehörige Säugetiere vor, so etwa **Fuchs** (Vulpes vulpes) und **Dachs** (Meles meles). Auch **Mauswiesel** (Mustela nivalis), **Europäischer Iltis** (Mustela putorius) und **Baummarder** (Martes martes) zählen zu dieser Ordnung und sind in den Gebirgsregionen des Gebietes zu finden.

Der **Fischotter** (Lutra lutra), ebenfalls ein Raubtier, bevorzugt die Flachwasserzonen des Großen Prespa-Sees auf albanischer Seite, so etwa die Buchten bei Kallamas, Gollomboc, Liqenas und Zaroshka.

Beste Bedingungen findet der Fischotter in den Flachwasserzonen auf der albanischen Seite des Großen Prespa-Sees.

Tierwelt

Kleinsäuger

Zudem bietet die Prespa-Ohrid-Region einer Vielzahl von Nagetieren Lebensraum. Neben verschiedenen Mausarten wie **Feldmaus** (Microtus arvalis), **Waldmaus** (Apodemus sylvatica) und **Gelbhalsmaus** (Apodemus flavicollis), die auch bei uns weit verbreitet sind, kommt hier mit der **Felsenmaus** (Apodemus mystacinus) eine auf dem Balkan endemische Mausart vor.

Auch die **Martino-Schneemaus** (Dinaromys bogdanovi) ist eine ausschließlich in den Gebirgen des Balkans verbreitete Wühlmaus. Dass die Art einst weiter verbreitet war, zeigen Fossilienfunde aus dem Pleistozän aus Italien, Ungarn und Griechenland.

Ebenfalls im Jablanica-Gebirge anzutreffende Nagetiere sind **Siebenschläfer** (Myoxus glis) und **Haselmaus** (Muscardinus avellanarius).

Fledermäuse

Fledermäuse stellen eine weitere wichtige zu den Säugetieren gehörende Tierunterordnung im Gebiet dar.

Vor allem im Bereich der beiden Prespa-Seen herrschen ideale Bedingungen für Fledermäuse. Die Landschaft ist durch die kleinbäuerliche Nutzung reich strukturiert. Hecken, Uferzonen sowie Be- und Entwässerungsgräben bieten Insekten Lebensraum, die den Fledermäusen als Nahrungsquelle dienen. Als Sommer- und Winterquartiere nutzen die Fledermäuse die zahlreichen Felsenhöhlen an den Ufern des Großen Prespa-Sees.

Aber auch in Höhlen an den Steilküsten des Ohrid-Sees und in den angrenzenden Gebirgen Mali e Thathe, Jablanica-Shebenik und Galicica kommen einige der unten genannten Fledermausarten vor. Im Rahmen verschiedener Untersuchungen konnte jedoch vor allem am Großen Prespa-See eine Vielzahl von Fledermausarten nachgewiesen werden, darunter auch neun Arten, die nach der Roten Liste der Weltnaturschutzorganisation IUCN als stark gefährdet oder gefährdet gelten [1].

Fransenfledermaus im Winterquartier

Eine davon ist die **Fransenfledermaus** (Myotis natteri), die ihren Namen den gut ausgebildeten, festen, wie Fransen wirkenden Härchen an der Schwanzflughaut verdankt. Ihre typischen Jagdreviere sind vielfältige Laub- und Mischwälder sowie Waldränder und Wiesen mit Randstrukturen. Hier erbeutet die Fransenfledermaus Fliegen, Mücken, Nachtfalter, Raupen und auch Spinnen, die sie im Rüttelflug von der Vegetation aufnimmt. Dabei dient ihr die Schwanzflughaut als Kescher.

Weiterhin können an den Seen sowie in den angrenzenden Bergen der **Große** und der **Kleine Abendsegler** (Nyctalus noctula; N. leisleri) bei ihren Beuteflügen in der Dämmerung beobachtet werden.

Im Spätherbst jagt der Große Abendsegler auch am Tag. Als Langstreckenflieger hält er sich dazu in der Regel über den Baumwipfeln auf und fängt seine Beute bei Geschwindigkeiten bis zu 60 km/h. Der Große Abendsegler ist eine typische Waldfledermausart und lebt häufig in Spechthöhlen alter Bäume.

Auch der **Kleine Abendsegler** (Nyctalus leisleri) ist eine Waldfledermaus, die in waldreichen und reich strukturierten Landschaften vorkommt. Im Gegensatz zum Großen Abendsegler besteht sein Fell jedoch aus zweifarbigen Haaren, die schwarz- und rotbraun und meist dunkler als beim Großen Abendsegler sind.

[1] Die in der Roten Liste eingestuften Arten sind: Myotis natteri, Nyctalus leiseri, N. noctula, Rhinolophus ferrumequinum, R. euryale, R. hipposideros, R. blasii, Tadarida tenoides, Vespertilio murinus)

Die Jagdgebiete befinden sich zum einen in Wäldern, wo die Tiere an Lichtungen, Kahlschlägen, Waldrändern und Wegen auf Beutefang nach Insekten gehen. Aber auch Offenlandbiotope wie Grünland, Heckenstrukturen, Gewässer und beleuchtete Flächen im Siedlungsbereich werden aufgesucht. Hier jagt der Kleine Abendsegler schnell und gewandt in einer Höhe von vier bis 15 Metern.

Der **Riesenabendsegler** (Nyctalus lasiopterus), mit einer Flügelspannweite von 40 bis 47 cm und einer Kopf-Rumpf-Länge von 80 bis 100 mm die größte europäische Fledermaus, ist ebenfalls an den Prespa-Seen anzutreffen. Er bewohnt altholzreiche Laub- und Mischwälder, vom Meeresniveau bis auf fast 1.400 Metern Höhe. Normalerweise ruhen die Tiere tagsüber in

Baumhöhlen, manchmal auch in Kunsthöhlen oder Felsklüften. Beobachtungen in Gebäuden sind eher selten. Für den Winterschlaf werden frostfreie Höhlen oder Stollen aufgesucht.

Der Riesenabendsegler gilt in Bezug auf sein Nahrungsspektrum als Opportunist. Nahrungsgrundlage sind unterschiedlichste Großinsekten wie Nachtfalter, Käfer, Schnaken und Netzflügler. Diese bilden zwischen Mitte Mai und August die einzige Nahrung. Besonders zur Zeit des Vogelzuges im Frühherbst werden neben Insekten aber auch regelmäßig Kleinvögel erbeutet. Überwiegend handelt es sich dabei um unerfahrene Vögel, die den Zugweg zum ersten Mal antreten.

Bild: D. Nill

Riesenabendsegler mit Beute

Bild: D. Nill

Eine weitere Besonderheit ist das Vorkommen aller fünf in Europa lebenden Hufeisennasenarten im Gebiet: **Große Hufeisennase** (Rhinolophus ferrumequinum), **Kleine Hufeisennase** (Rh. hipposideros), **Mittelmeer-Hufeisennase** (Rh. euryale), **Blasius-Hufeisennase** (Rh. blasii) und **Mehely-Hufeisennase** (Rhinolophus mehelyi). Ihren Namen haben die Tiere von blattartigen, hufeisenförmigen Hautbildungen, die ihre Nase umgeben und zur Lautverstärkung dienen. Hufeisennasen-Fledermäuse sind Höhlenbewohner und nutzen bevorzugt die Höhlen an den Ufern des Großen Prespa-Sees als Tagesquartier. Von hier aus starten sie bei völliger Dunkelheit ihre nächtlichen Beuteflüge.

Die **Große Hufeisennase** (Rh. ferrumequinum) ist mit einer Länge von maximal 70 mm (ohne Schwanz) und einer Flügelspannweite von bis zu 40 Zentimetern die größte europäische Hufeisennasenart. Ihr Jagdflug ist relativ langsam und geprägt von zahlreichen Richtungsänderungen und Gleitflugphasen. Ihre Beute, die vor allem aus Käfern und Nachtfaltern besteht, wird nicht nur im Flug, sondern auch von Pflanzen und vom Boden aufgenommen.

Wie der Name vermuten lässt, ist die **Kleine Hufeisennase** (Rh. hipposideros) deutlich kleiner als die Große Hufeisennase, der sie ansonsten sehr ähnelt. Mit nur 40 mm Körpergröße und 25 cm Flügelspannweite gehört sie zu den kleinsten Fledermausarten Europas. Die nächtliche Jagd erfolgt vor allem in Laubwäldern, halboffenen Landschaften und auf Flächen neben Gehölzen an Gewässern und Gebäuden. Für die Orientierung im Flug sind dabei durchgängige Gehölz- und Heckenstrukturen wichtig. Die Kleine Hufeisennase jagt erst bei völliger Dunkelheit und erbeutet im schwirrenden, von häufigen Richtungswechseln geprägten Flug vorwiegend bodennah kleine Insekten. Im Gegensatz zur Großen Hufeisennase jagt sie nicht von einer Warte aus.

Zu den gefährdeten Fledermausarten zählt auch die **Mittelmeer-Hufeisennase** (Rh. euryale), die man vor allem in Südeuropa, in Nordwestafrika und im Nahen Osten findet. In der hier beschriebenen Region bewohnt sie vorwiegend Höhenlagen deutlich unterhalb 1.000 Metern.

Mittelmeer-Hufeisennasen sind gesellige Fledermäuse, die sich zum Schlafen gewöhnlich in Höhlen versammeln. Aber auch Dachstöcke von Kirchtürmen und anderen, zumeist alten Steingebäuden werden aufgesucht. Zum Überwintern bevorzugen sie große Höhlen mit konstanter Temperatur und Luftfeuchtigkeit.

Auch die Mittelmeer-Hufeisennase jagt nachts. Die Form ihrer Flügel und das Verhältnis der Flügelspannweite zur Körpergröße ermöglicht es ihr, sehr enge Kurven zu fliegen. Diese Wendigkeit bringt vor allem beim Beutesuchflug im Bereich von Gehölzen Vorteile, wo die Art vorwiegend bei der Jagd zu beobachten ist.

Die **Blasius-Hufeisennase** (Rh. blasii) ist in Europa nur im östlichen Mittelmeerraum verbreitet. Sie lebt in Gebieten mit lockerem Baumbestand und bevorzugt dabei Gebiete mit fließenden Gewässern. Wie auch die anderen Hufeisennasen verbringt sie den Tag in Höhlen, bevor sie ihren nächtlichen Beuteflug startet.

Sowohl die Blasius-Hufeisennase als auch die Mittelmeer-Hufeisennase kommen nicht nur an den Seen, sondern auch im Jablanica-Shebenik-Gebirge vor.

Nicht so die **Mehely-Hufeisennase** (Rh. mehelyi), deren Verbreitung eigentlich auf das Mittelmeergebiet beschränkt ist. Sie konnte bisher nur am Großen Prespa-See nachgewiesen werden, da sie Karstgebiete mit Süßwasser in der Nähe als Lebensraum bevorzugt. In Größe und Färbung entspricht sie der Mittelmeer-Hufeisennase und der Blasius-Hufeisennase. Ihr besonderes Kennzeichen ist eine dunkle „Brille" um die Augen. Auch die Mehely-Hufeisennase ist eine gesellige Höhlenfledermaus und wahrscheinlich ortstreu. Sie bezieht das Quartier gerne gemeinsam mit anderen Hufeisennasen, Kleinen Mausohren und Langflügelfledermäusen. Als Nahrung dienen kleine Insekten, die vermutlich auch vom Boden aufgenommen werden, da die Mehely-Hufeisennase mühelos vom Boden auffliegen kann. Der Ausflug beginnt in der frühen Dämmerung; gejagt wird niedrig über dem Boden an Berghängen und zwischen Sträuchern und Bäumen. Der Flug ist langsam, aber sehr gewandt; auch Gleiten ist über kurze Strecken möglich.

Tierwelt

Die **Europäische Bulldoggfledermaus** (Tadarida teniotis) - ebenfalls bisher nur am Großen Prespa-See nachgewiesen - ist die einzige in Europa heimische Art aus der Familie der Bulldoggfledermäuse (Molossidae). Sie lebt vor allem in felsigen Lebensräumen im Gebirge oder im Bereich von Uferfelsen, kommt aber auch in Ortschaften vor. Mit einer Körpergröße von 81 bis 92 Millimeter, einer Flügelspannweite von 40 bis 42 cm und einem Gewicht von 25 bis 50 g gehört sie, neben dem Riesenabendsegler, zu den größten Fledermäusen Europas.

Die großen Ohren, die Augen und Gesicht überragen, sowie die faltige Oberlippe, die der Bulldoggfledermaus ihren Namen eingetragen hat, macht sie unverwechselbar. Das Fell der Tiere ist sehr kurz und weich, in der Farbe bräunlich bis schwarzgrau, auf der Unterseite etwas heller. Der lange Schwanz (bis 50 mm) ragt aus der Flughaut hervor und wird zum Tasten genutzt. Auffällig ist der Geruch der Tiere; sie riechen intensiv nach einer Mischung aus Lavendel und Moschus. Ihre Sommer- wie auch Winterquartiere finden die Tiere in Felsspalten oder an Höhlendecken.

Die an Vögel erinnernden, zwitschernden Rufe der **Zweifarbfledermaus** (Vespertilio murinus) sind vor allem im Herbst während der Balzzeit am Großen Prespa-See zu hören. Namensgebend ist das kurzhaarige, dichte, zweifarbige Rückenfell, das eine rot- bis dunkelbraune Tönung und silberweiße Haarspitzen aufweist.

Die Beuteflüge auf Zweiflügler, Köcherfliegen und Nachtfalter finden nach der Dämmerung in Höhen von 10 bis 20 Metern, unter anderem über offene Landschaften, Flüssen und Seen, aber auch in besiedelten Gebieten rund um Straßenlaternen statt.

Bild: D. Nill

Typisch für die an den Prespa-Seen vorkommende **Wasserfledermaus** (Myotis daubentonii) sind ihre enorm großen Füße. Ebenfalls auffällig ist das wenig behaarte, rotbraune Gesicht. Der deutsche Name verrät ihr bevorzugtes Jagdgebiet: Wasserfledermäuse sind meist über Gewässern unterwegs, um Fluginsekten zu erbeuten. Oft kann man mehrere Tiere gleichzeitig in ca. 15 cm Höhe über der Wasseroberfläche jagen sehen. Die Beute besteht vorwiegend aus Zuckmücken, aber auch anderen Wasserinsekten. Sehr geschickt können ins Wasser gefallene und auf der Wasseroberfläche treibende Insekten mit der Schwanzflughaut herausgekeschert und dann aus dieser Flughauttasche mit dem Maul aufgenommen werden. Wasserfledermäuse verbringen den Tag meist in Wäldern mit Baumhöhlen und fliegen dann in der späten Dämmerung auf immer gleichen Flugbahnen von ihren Verstecken ins Jagdgebiet. Dabei folgen sie im Tiefflug altbekannten Geländestrukturen, Waldrändern und Hecken. Von ihren Tagesverstecken bis an das nächste Gewässer können bis zu zwei Kilometer zurückgelegt werden.

Tierwelt

Nur 15 cm über der Wasseroberfläche jagt die Wasserfledermaus nach Beute.

Bild: D. Nill

Im Winter sammeln sich Wasserfledermäuse in großen Verbänden, um die insektenarme Jahreszeit in frostsicheren Höhlen und Felsspalten zu verschlafen. Hierbei sind 100 % Luftfeuchtigkeit und drei bis sechs Grad Celsius ideal. Wenn die Temperatur dauerhaft unter 3 Grad fällt, wechseln die Tiere in ein wärmeres Quartier.

Der Wasserfledermaus sehr ähnlich ist die ebenfalls an den Prespa-Seen vorkommende **Langfußfledermaus** (Myotis capaccini). Auch diese Art jagt gerne über Gewässern nach Insekten, die sie im Flug verspeist. Ihr Flug ähnelt dabei dem der Wasserfledermaus.

Weitere, sowohl an den Prespa-Seen als auch in den angrenzenden Gebirgen lebende Fledermausarten sind das **Große** und das **Kleine Mausohr**
(Myotis myotis, M. blythi), die **Kleine Bartfledermaus** (M. mystacinus),
die **Alpenfledermaus** (Hysugo/Pipistrellus savii) und die **Langflügelfledermaus** (Miniopterus schreibersi).

Nur am Großen Prespa-See, aber nicht in den Bergregionen, konnten
bisher **Breitflügelfledermaus** (Eptesicus serotinus), **Wimpernfledermaus**
(Myotis emarginatus), **Weißrandfledermaus** (Pipistrellus kuhli), **Rau-
hautfledermaus** (P. nathusii) und **Braunes Langohr** (Plecotus auritus)
nachgewiesen werden.

Braunes Langohr

Tierwelt

Amphibien und Reptilien

Amphibien (Amphibia), auch Lurche genannt, sind die stammesgeschichtlich älteste Klasse der Landwirbeltiere (Tetrapoda). Ihr wissenschaftlicher Name leitet sich aus dem Griechischen amphi „auf beiden Seiten" und bios „Leben" ab, bedeutet also wörtlich „auf beiden Seiten lebend". Dies rührt daher, dass die meisten Amphibien zunächst ein Larvenstadium im Wasser durchlaufen und dann, nach einer Metamorphose, an Land leben können. Auch als erwachsene Tiere bewohnen sie meist sowohl aquatische als auch terrestrische Habitate. Die meisten Amphibienarten sind nachtaktiv, um sich vor Fressfeinden zu schützen und den Wasserverlust über die Haut gering zu halten.

Reptilien (Reptilia) oder Kriechtiere (lat.: reptilis - kriechend) bilden eine Klasse der Wirbeltiere am Übergang zwischen den niederen und höheren Vertebraten. Sie besitzen einen Schwanz, eine Haut aus Hornschuppen und vier Beine, die allerdings bei Schlangen und einigen Echsen (so etwa der Blindschleiche) zurückgebildet sein können. Kriechtiere atmen durch Lungen und legen Eier oder gebären lebende Junge. Eine „Zwischenform" sind eierlebendgebärende (ovovivipare) Arten wie Blindschleiche und Kreuzotter. Dabei werden die dotterreichen Eier ovoviviparer Tiere nicht abgelegt, sondern direkt im Mutterleib ausgebrütet. Die Jungtiere schlüpfen entweder im Körper des Muttertieres oder aber kurz nach der Eiablage.

Amphibien und Reptilien besiedeln unterschiedlichste Lebensräume, und die große Bandbreite der Habitate an den Seen im Gebiet sowie in den angrenzenden, locker bewaldeten Gebirgshängen bietet einer erstaunlichen Vielzahl von Amphibien und Reptilien Lebensraum.

Bild: D. Nill

Amphibien

Nur nach und während starker Regenfälle tagsüber anzutreffen ist der ansonsten nachtaktive **Feuersalamander** (Salamandra salamandra). Anders als in West- und Mitteleuropa, wo er in seiner gebänderten Unterart vorkommt, lebt im Gebiet die Nominatform mit geflecktem Muster. Feuersalamander sind als erwachsene Tiere weitgehend unabhängig von Oberflächengewässern und führen ein verborgenes Dasein in Nischen von Höhlen, unter Totholz, flachen Steinen, zwischen Felsblöcken und unter Baumwurzeln. Die Art hat eine enge Bindung an den Lebensraum Wald und bevorzugt bodenfeuchte, strukturierte Laub- und Mischwälder. Im Gebiet ist der Feuersalamander daher am ehesten im Bereich des Buchenwaldgürtels im Jablanica-Shebenik-Gebirge sowie im Galicica-Gebirge zu finden.

Bild: D. Nill

An seiner schwarz-gelben Fleckung eindeutig zu erkennen: der Feuersalamander.

Hier wie im Bereich des Prespa-Nationalparks kommt auch der **Kammmolch** (Triturus cristatus) vor. Er lebt in dauerhaft wasserführenden Kleingewässern, die mehrere Stunden am Tag der Sonne ausgesetzt sind. Charakteristisch für diese Art ist der gelb oder orange gefärbte Bauch mit schwarzen Flecken. Das Fleckenmuster ist bei jedem Tier unterschiedlich und ermöglicht so sogar die individuelle Unterscheidung der Tiere. Zur Paarungszeit entwickeln die Männchen in der sogenannten Wassertracht einen hohen, stark gezackten Hautkamm auf Rücken und Schwanz, der an der Schwanzwurzel unterbrochen ist.

Tierwelt

Der **Teichmolch** (T. vulgaris), ebenfalls im Prespa-Nationalpark sowie im Jablanica-Shebenik- und im Galicica-Gebirge lebend, bevorzugt halboffene bis offene Landschaften und meidet dicht bewaldete Bergregionen. In ihrer Wassertracht haben die Männchen einen hohen gewellten bis gezackten (bei südlichen Unterarten auch glattrandigen) flexiblen Hautkamm, der – im Gegensatz zum Kammmolch – ohne Einkerbung an der Schwanzwurzel vom Hinterkopf bis zum Schwanzende verläuft.

Eine Besonderheit ist das Vorkommen des **Bergmolchs** (T. alpestris) in den Gletscherseen auf mazedonischer Seite des Jablanica-Gebirges, denn dabei handelt es sich um den bisher südlichsten Nachweis dieser Art.

Eine weitere Molchart, die im Gebiet lebt, ist der **Alpen-Kammmolch** (T. carnifex), der auf mazedonischer Seite sogar als eigene Unterart – T. carnifex macedonicus - vorkommt.

Nach der Trockenlegung von Feuchtgebieten mit wechselndem Wasserstand ist die **Gelbbauchunke** (Bombina variegata variegata) heute in der Prespa-Ohrid-Region wie auch in Mitteleuropa vorwiegend in anthropogenen Klein- und Kleinstgewässern, so etwa Traktorspuren, Pfützen und flachen Wassergräben, anzutreffen. Der sehr kleine, auf der Oberseite graubraune Froschlurch ist ein Bewohner von immer wieder neu entstehenden temporären Kleingewässern. Namensgebend für die Art ist die gelb- bis orangefarbene Färbung der Unterseite, die mit grauen bis schwarzblauen Flecken oder Flächen durchsetzt ist. Ein weiteres besonderes Merkmal ist die herzförmige Pupille.

Bild: D. Nill

Die Gelbbauchunke benötigt temporäre Kleingewässer zur Entwicklung.

Bei der im Gebiet lebenden Art handelt es sich um eine Unterart der aus Mitteleuropa bekannten Gelbbauchunke, nämlich um die Griechische Gelbbauchunke Bombina variegata scabra, deren Vorkommen auf den südlichen Balkan (Griechenland, Montenegro, Albanien und Bulgarien) begrenzt ist.

Weitere amphibische Bewohner der Prespa-Ohrid-Seenregion sowie der angrenzenden Gebirgszüge sind **Erdkröte** (Bufo bufo), **Wechselkröte** (Bufo viridis) und **Syrische Schaufelkröte** (Pelobates syriacus). Letztere hat auf dem Balkan eine eigene Unterart (P. syriacus balcanicus) ausgebildet. Wie die Wechselkröte kommt sie vor allem im Flachland in offenen, steppenartigen Landschaften und lichten Wäldern vor. Zum Laichen bevorzugt sie tiefere, vegetationsarme Teiche, Gräben und Auengewässer. Tagsüber verbergen sich die Tiere in selbst gegrabenen Verstecken im Boden oder unter Steinen. Zum Eingraben dienen scharfkantige Grabschaufeln an den Füßen, die durch spezielle Muskelgruppen aufgerichtet werden. Dieser Eigenart verdankt die Schaufelkröte ihren Namen.

Die Syrische Schaufelkröte hat im Prespa-Ohrid-Gebiet ihre westlichste Verbreitungsgrenze und kommt hier in höheren Lagen als üblich vor.

Bild: D. Nill

Eindeutiges Erkennungsmerkmal der Wechselkröte: die grünen Inselflecken.

Aufgrund seines hervorragenden Haft- und Klettervermögens ist der **Laubfrosch** (Hyla arborea) außerhalb der Laichzeit auf Bäumen und Sträuchern oder im Röhricht anzutreffen, tagsüber oft direkt in der Sonne ruhend. Als Anpassung an diese kletternde Lebensweise besitzen Laubfrösche rundliche Haftballen an den Zehenspitzen, die man mit bloßem Auge gut erkennen kann. Die Laichzeit (April bis Ende Juni) verbringen die Tiere in stehenden, besonnten Gewässern, z.B. in Tümpeln, Wassergräben oder auf Überschwemmungsflächen.

Obgleich sie sich ähneln, sind die beiden im Gebiet vorkommenden Braunfroscharten anhand verschiedener Merkmale zu unterscheiden. Bei dem **Springfrosch** (Rana dalmatina) handelt es sich um einen schlanken, langgliedrigen Froschlurch mit einer spitzen Schnauze und auffallend langen Hinterbeinen. Dadurch ist er sehr sprunggewandt und kann bis zu zwei Meter weite Sätze machen.

Bild: K. Sauer

Dank seiner Haftballen ist der Laubfrosch ein wahrer Kletterakrobat.

Der **Griechische Frosch** (R. graeca) hingegen ist ein mittelgroßer, recht plump gebauter Braunfrosch mit einer kurzen, abgerundeten Schnauze. Bei der sogenannten Fersenprobe (ein Hinterbein wird dabei entlang des Rumpfes vorsichtig nach vorne umgelegt) überragt das Fersengelenk die Kopfspitze etwas. Dies grenzt ihn vom Grasfrosch (R. temporaria), der jedoch im Gebiet nicht vorkommt, ab. Bei diesem sind die Hinterbeine kürzer und das Fersengelenk reicht nicht bis zur Schnauzenspitze. Der Griechische Frosch besiedelt ein relativ kleines Verbreitungsgebiet in Südosteuropa und ist auf Bergbäche spezialisiert. Im beschriebenen Gebiet ist er daher vorwiegend im Jablanica- und Shebenik-Gebirge anzutreffen.

Der Balkanwasserfrosch (Rana balcanica) ist dem Wasserfroschkomplex zuzuordnen. Dieser Komplex ist im wahrsten Sinne des Wortes sehr komplex und die ihm ebenfalls zuzuordnenden Arten Seefrosch (Rana ridibundus), Kleiner Wasserfrosch (R. lessonae) und Teichfrosch (R. esculenta) sind anhand äußerer Merkmale kaum zu unterscheiden. Hinzu kommt, dass in den letzten Jahren viele Veränderungen in der Namensgebung und Zuordnung der genannten Arten stattgefunden haben, so dass es eine Vielzahl unterschiedlicher Informationen gibt. So gehen beispielsweise einige Autoren davon aus, dass es sich bei Balkanwasserfrosch und Seefrosch um die gleiche Art, nämlich Rana ridibundus, handelt, während andere Autoren den Balkanwasserfrosch als Rana balcanica vom Seefrosch abgrenzen.

Ob See- oder Balkanwasserfrosch, die Oberseite ist meist olivgrün oder olivbraun, seltener grasgrün, mit dunklen Flecken. Die wasserfroschtypische grüne Rückenmittellinie ist meist vorhanden, die Art ist jedoch sehr variabel gefärbt. Der Balkanwasserfrosch weist eine enge Bindung an Gewässer auf. Selbst Jungtiere entfernen sich nur wenige Meter vom Gewässer. Seefrösche bevorzugen dabei größere Gewässer, beispielsweise Seen, Altwässer, Altarme, Flutrinnen und ruhige Flussabschnitte. Sein „Gesang" ist an den Ohrid- und Prespa-Seen nicht zu überhören. Es ist jedoch fraglich, wie lang dies noch der Fall sein wird, denn vor allem am Ohrid-See wird der Frosch von der lokalen Bevölkerung in großen Mengen gesammelt und auf den Märkten als Delikatesse verkauft.

Bild: D. Nill

Nur selten zu sehen, dafür umso lauter zu hören: der Wasserfrosch.

Reptilien

Neben Amphibien beherbergt das Gebiet auch eine Vielzahl von vorwiegend terrestrisch lebenden Reptilien wie Schildkröten, Eidechsen, Nattern und Vipern.

Vor allem das Jablanica-Gebirge weist dabei aus herpetologischer Sicht eine erstaunlich große Artenvielfalt auf: Auf weniger als 200 km² wurden 27 Reptilienarten nachgewiesen und damit mehr Arten als insgesamt in Finnland, Norwegen, Dänemark, Schweden, Polen, den Niederlanden, Belgien, Irland und Großbritannien.

Am besten lassen sich Reptilien bei schönem Wetter am Morgen beobachten, wenn sie auf exponierten Felsen oder Steinen, Mauern, aber auch Straßen ein Sonnenbad nehmen, um den wechselwarmen (poikilothermen) Organismus auf „Betriebstemperatur" zu bringen.

Viele der an den Seen von Prespa und Ohrid und in den angrenzenden Bergen vorkommenden Arten sind eigene Unterarten, die für den Balkanraum endemisch sind.

Zu diesen nur hier vorkommenden Arten gehört eine Unterart der Europäischen Sumpfschildkröte, die **Hellenische Sumpfschildkröte** (Emys orbicularis hellenica). Ihr Vorkommen ist auf Italien und den Balkan beschränkt. Im Aussehen ähnelt sie der Nominatform: Ihr Rückenpanzer ist dunkel, der Bauchpanzer meist gelb, manchmal mit verwaschener dunkler Zeichnung. Sie lebt im Uferbereich der Prespa-Seen und in stillen oder langsam fließenden Gewässern wie Be- und Entwässerungsgräben, ist aber auch in kleinen Stillgewässern des Jablanica-Shebenik-Gebirges zu finden. Die Europäische wie auch die Hellenische Sumpfschildkröte bevorzugt stark bewachsene, nährstoffreiche Gewässer mit schlammigem Grund (daher der Name). Sie ernährt sich vor allem von Schnecken, Krebstieren, Insektenlarven und anderen wirbellosen Tieren, zum Teil auch von Kaulquappen, toten Fischen oder Aas. Für die Eiablage benutzt sie trockene, sandige, meist nach Süden ausgerichtete Hänge, Böschungen oder Waldränder mit nur wenig Bewuchs. In der Regel wandern die Weibchen jedes Jahr zu denselben Ablageplätzen.

Günstig beschaffene Trockenstandorte, die zur Eiablage genutzt werden können, sind ausschlaggebend für das Überleben der Europäischen wie auch der Hellenischen Sumpfschildkröte. Doch Eiablageplätze und Lebensraum sind durch die Folgen menschlicher Eingriffe bedroht: Trockenlegung von Sümpfen und Feuchtgebieten, Gewässerkorrekturen, die Zersiedelung der Landschaft und Zerstörung der Eiablageplätze setzen den Schildkröten stark zu. Auch wurde Emys orbicularis früher in großen Mengen als Fastenspeise gefangen und verzehrt. Heute allerdings landet sie eher unabsichtlich als Beifang in Reusen, wo sie unweigerlich ertrinkt.

Bild: B. Werle

Früher Fastenspeise, heute unbeabsichtigter Beifang in Reusen: die Europäische Sumpfschildkröte.

Dieses Schicksal bleibt der **Griechischen Landschildkröte** (Testudo hermanii) als terrestrisch lebender Art erspart, aber auch ihr Bestand hat in den letzten Jahren durch Lebensraumzerstörung und das große Interesse, die Art als Haustier zu halten, stark abgenommen.

Tierwelt

In der Prespa-Ohrid-Region findet man die Griechische Landschildkröte, bei der es sich um die Unterart boettgeri handelt, beispielsweise an den mit Eichenwald bewachsenen Hängen des Prespa-Nationalparks bei Gorice e Vogel im Gebirge Mali e Thate. Hier suchen sich die Tiere in den frühen Vormittagsstunden sonnige Stellen, um sich aufzuwärmen; mit etwas Glück kann man an manchen Tagen bis zu 30 Schildkröten bei ihrem Sonnenbad oder bei der Futtersuche beobachten. Aber auch im Jablanica-Shebenik-Gebirge und im Galicica-Nationalpark trifft man auf die Art, die im mediterranen Bereich Lebensräume in bis zu 1.500 Metern Höhe besiedeln kann.

Auf ihren Wanderungen zur Futtersuche – aufgenommen wird eine Vielzahl von ein- und mehrjährigen Pflanzen - legen die tagaktiven Tiere im Durchschnitt 80 Meter täglich zurück, teilweise aber sogar über 400 Meter.

Bild: D. Nill

Eine eigene Unterart der Griechischen Landschildkröte lebt in der Prespa-Ohrid-Region.

Im Jablanica-Gebirge kommt mit der **Johannisechse** (Ablepharus kitaibelli) die einzige Skinkart im Gebiet vor. Bei der hier verbreiteten Art handelt es sich um die Unterart stepaneki. Die Johannisechse bevorzugt warme und sonnige Gebiete in den tieferen Höhenlagen und bewohnt vor allem Wiesen, Trockenrasen sowie vegetationsarme Laubwälder.

Die **Prachtkieleidechse** (Algyroides nigropunctatus) hingegen – nachgewiesen unter anderem im Jablanica-Shebenik-Gebirge und an den Seen - besiedelt vorzugsweise stark überwachsene Steinmauern und Waldränder. Eines ihrer wichtigsten Reproduktionsgebiete liegt am mazedonischen Ufer des Ohrid-Sees am Fuße des Galicica-Gebirges.

Bild: L. Stefanov

Auch im Jablanica-Gebirge zu finden: die Prachtkieleidechse.

Weitere im Gebiet vorkommende Eidechsen-Arten sind die **Balkan-Zauneidechse** (Lacerta agilis bosnica) und die **Östliche Smaragdeidechse** (Lacerta viridis), deren Vorkommen im Süden ihres Verbreitungsgebietes auf feuchte Lagen oder auf gebirgige Regionen beschränkt ist. Die tagaktiven Tiere nehmen insbesondere morgens und abends ausgedehnte Sonnenbäder. Zur Nahrungssuche – verzehrt werden vor allem Insekten - klettern sie im Pflanzengestrüpp umher.

Die Balkan-Zauneidechse: Die Unterschiede zu der bei uns vorkommenden Zauneidechse sind minimal (im Bild ein männliches Tier).

Sowohl die **Ägäische Mauereidechse** (Podarcis erhardii), die meist auf trockenem, steinigem oder felsigem Gelände mit niedriger Vegetation lebt, wie die auch bei uns beheimatete **Mauereidechse** (P. muralis), der sie ähnelt, sind im Gebiet zu finden. Die **Taurische Eidechse** (P. taurica) bevorzugt nicht zu trockenes Gras- und Kulturland. Alle drei Arten leben vor allem in der Kulturlandschaft rund um Prespa- und Ohrid-Seen, so beispielsweise auf der im Prespa-See gelegenen Insel Mali Grad.

Mit zum Teil über 50 cm Länge ist die **Riesensmaragdeidechse** (Lacerta trilineata) die größte Eidechsenart im Gebiet. Diese Eidechse, die im She-benik-Gebirge nachgewiesen wurde, ist sehr scheu und flink. Als Nahrung dienen ihr Insekten und Spinnen aller Art; außerdem werden ab und zu auch kleine Wirbeltiere und kleinere Artgenossen erbeutet.

Neben Schildkröten und Echsen findet man an den Seen sowie den angrenzenden Bergen auch verschiedene Nattern- und Vipernarten.

Nattern (Colubridae) sind vorzugsweise tagaktive Schlangen und unterscheiden sich daher äußerlich durch ihre runden Pupillen von Vipern (Viperidae), die im Allgemeinen senkrecht schlitzförmige Pupillen haben - ein Hinweis auf die zumeist dämmerungs- und nachtaktive Lebensweise. Ein weiterer Unterschied zwischen den beiden Schlangenfamilien ist, dass Vipern Giftschlangen sind, so auch die beiden im Gebiet vorkommenden Ottern, die trotz ihres Namens der Familie der Vipern angehören.

Die **Kreuzotter** (Viper berus) bevorzugt Habitate mit starker Tag-Nacht-Temperaturschwankung und hoher Luftfeuchtigkeit. Besiedelt werden Waldschneisen und Waldränder, meist in Nadelwäldern, Moore, alpine Geröllfelder, aber auch feuchte Niederungen und Bergwiesen im Bereich der Baumgrenze. Bei der im Jablanica-Shebenik-Gebirge nachgewiesenen, aber vermutlich auch im Galicica-Massiv und in der Bergregion von Mali e Thathe vorkommenden Kreuzotter handelt es sich um eine eigene Unterart, nämlich bosniensis.

Anders als die meisten der Familie der Vipern zugehörigen Schlangen ist die Kreuzotter tagaktiv und verlagert ihre Aktivität nur bei sehr großer Hitze in die Dämmerung. Wie die meisten anderen Vipern ist die Kreuzotter ein Lauerjäger und nicht auf bestimmte Beutetiere spezialisiert. Die Beute wird durch einen Biss attackiert, durch den das Gift in den Körper injiziert wird. Danach verharrt die Kreuzotter kurz und beginnt dann die Verfolgung des gebissenen Tieres, welches aufgrund der Giftwirkung geschwächt ist und schließlich stirbt. Die Beutetiere werden vollständig verschluckt, meistens mit dem Kopfende voran.

Obwohl das Gift der Kreuzotter etwa zwei- bis dreimal giftiger ist als das der Diamant-Klapperschlange (Crotalus adamanteus), ist ein Biss auf Grund ihres geringen Giftvorrats von nur zehn bis 18 Milligramm Trockengewicht in der Regel nur für Kinder und alte Menschen gefährlich.

Auf dem Balkan bildet die Kreuzotter eine eigene Unterart.

Bild: L. Stefanov

Ebenso ist auch das Gift der **Europäischen Hornotter** (Vipera ammodytes) - auch Sandotter, Sandviper oder Hornviper genannt - nur für Kinder und geschwächte Menschen gefährlich, wenngleich ihr Biss recht schmerzhaft sein kann. Namensgebend für die Hornotter ist das auffällige, rundum mit kleinen Schuppen bedeckte Horn an der Schnauze. Über den Augen befinden sich, wie bei den meisten Vipern-Arten, kräftig ausgebildete Leisten, die ihr einen von Menschen als „drohend" empfundenen Blick verleihen. Sie lebt im trockenen, steinigen Buschland und lichten, sonnigen Wäldern. Besonders häufig ist sie an trockenen, besonnten Felsenhängen und auf Steinmauern zu beobachten. Zu ihrem Lebensraum gehören aber auch verwilderte Gärten und buschbestandene Geröllflächen. Anders als es ihr gelegentlich gebrauchter Trivialname Sandotter vermuten lässt, kommt sie nur sehr selten auf Sandflächen vor.

Prinzipiell sind weder Kreuzotter noch Hornotter dem Menschen gegenüber von sich aus aggressiv. Ein Biss muss nur dann befürchtet werden, wenn sich die Tiere bedroht fühlen, d.h. wenn sie zum Beispiel - ungewollt - von Menschen aufgeschreckt werden. Bei Wanderungen in steinigem, unwegsamem Gelände ist es daher ratsam, geschlossene, feste Schuhe zu tragen, um die mögliche „Angriffsfläche" zu verringern.

Ansonsten sollte man sich, trifft man auf eine der beiden Vipernarten, aber auch auf die unten genannten Natternarten, ruhig verhalten, um die Tiere nicht aufzuscheuchen. Dann kann man die Schlangen in Ruhe beobachten und am ehesten eine eventuell vorhandene Angst oder Abneigung gegenüber diesen faszinierenden Tieren ablegen.

Völlig ungiftig sind die im Gebiet vorkommenden Natternarten, bei denen es sich vorwiegend um terrestrisch lebende Arten handelt. Nur Ringel- und Würfelnatter sind auf Gewässer angewiesen.

Bild: MES

An ihren hellen „Halbmondflecken" ist die Ringelnatter gut zu erkennen.

Die an den Prespa-Seen und im Shebenik-Gebirge vorkommende **Pfeilnatter** (Coluber jugularis) ist mit bis zu 2,50 m Länge eine sehr große Nattern-Art. Durchschnittlich erreicht sie jedoch nur ca. 1,50 m. Die Pfeilnatter ist eine Bodenbewohnerin, welche aber auch gerne und sehr gut klettert. Ihre bevorzugten Lebensräume sind bewachsene Felshänge, trockenes Hügelland und Feldränder. Am Morgen und am späten Nachmittag - also vor und nach der Nahrungsaufnahme - nimmt sie ausgiebige Sonnenbäder.

Dabei ist die tagaktive Schlange immer hellwach und stets fluchtbereit. Nur selten bekommt man sie zu Gesicht, da sie bereits bei der Annäherung eines Menschen geräuschvoll und eilig flieht. Die Pfeilnatter ernährt sich von Mäusen, Kleinvögeln und Echsen, aber auch anderen Schlangen.

Die **Schlanknatter** (Coluber najadum), die sowohl an den Prespa-Seen als auch in den Gebirgszügen von Jablanica und Shebenik zu finden ist, gehört ebenfalls zu den tagaktiven Bodenbewohnern, klettert aber gern in Büsche und Bäume mit geringer Höhe. Auch sie ist besonders schnell und scheu, so dass man sie nur selten zu Gesicht bekommt. In der Regel erreicht die Schlanknatter eine Länge von etwa einem Meter. Wie der Name vermuten lässt, ist sie auffallend schmal, wobei vor allem der Schwanz lang und dünn ausläuft. Schlanknattern ernähren sich hauptsächlich von kleinen Echsen und Säugetieren wie bspw. der Feldmaus (Microtus arvalis), aber auch kleinen Vögeln. Die Beute wird, nachdem die Schlange sie erspäht hat, mit rasanter Geschwindigkeit gejagt. Hat sie die Beute gefangen, wird diese erdrosselt und anschließend schlangentypisch in einem Stück verschlungen.

Sowohl Schlank- als auch Pfeilnatter gehören zur Gattung der Zornnattern, die ihren Namen aufgrund ihrer aggressiven Abwehrbereitschaft erhalten haben. Werden sie festgehalten, setzen sie sich sofort durch Beißen und Würgen zur Wehr. Nach dem Zubeißen kauen sie häufig auf den ergriffenen Objekten. Dadurch können die größeren Arten unter ihnen stark blutende Bisswunden verursachen. Da beide Arten andererseits sehr scheu sind, ist eine solche Begegnung allerdings äußerst unwahrscheinlich und müsste schon gezielt herbeigeführt werden.

Die auch im gesamten Gebiet vorkommende **Schlingnatter** (Coronella austriaca) erreicht eine Gesamtlänge von maximal 80 cm, wird meist jedoch nicht über 60 cm groß. Ihre Augen sind klein, mit den für Nattern typischen runden Pupillen und bräunlicher Iris. Ihre Haut ist glattschuppig; daher der ebenfalls gebräuchliche deutsche Name „Glattnatter".

Die Grundfarbe ihrer Oberseite kann von grau, gelblich über bräunlich bis rostrot reichen. Bei den meisten Exemplaren zieht sich ein brauner Streifen, hinter dem Auge beginnend, bis auf den Hals. Auf dem Rücken ist oft eine dunkle Fleckenreihe ausgebildet. Tiere mit intensiver Rückenzeichnung können mit der Kreuzotter verwechselt werden; ein genaues Betrachten der Pupillen erleichtert die Unterscheidung!

Als Lebensraum dient der Art ein breites Spektrum sonniger, meist trockener, halboffener Biotope wie etwa locker bebuschte, südexponierte Hänge, Geröllflächen, Heidegebiete und lichte Wälder. Die Schling- oder Glattnatter ist tagaktiv. Sie ernährt sich überwiegend von Reptilien, wobei größere Beutetiere, wie ihr Name nahelegt, durch Umschlingen getötet werden.

Auch die **Äskulapnatter** (Elaphe longissima) tötet ihre Beute durch sogenannte „Konstriktion". Sie wird bis zu 2,20 m, meist jedoch nicht über 1,50 m lang. Die Oberseite kann verschiedene Braun-, Grau- oder Grüntöne aufweisen. Der Körper ist dabei meist nicht gleichmäßig gefärbt, sondern zum Kopf hin heller. An den Körperseiten sind häufig deutliche weiße Striche oder Streifen ausgebildet. Charakteristisch ist bei vielen Tieren ein verwaschener Streifen, der vom Auge zum Mundspalt hin verläuft.

Bild: MES

Äskulapnatter

Die Äskulapnatter ist im gesamten Gebiet zu finden. Sie lebt bevorzugt in lichten, sonnigen Laubwäldern, steinigen gebüschreichen Südhängen und häufig in Wassernähe. Die Art ist bodenbewohnend, klettert aber auch ausgezeichnet. Ihre Nahrung besteht vorwiegend aus Kleinsäugern, jungen Vögeln und deren Eiern. Jungtiere ernähren sich dagegen hauptsächlich von Eidechsen.

Die **Vierstreifennatter** (Elaphe quatuorlineata), in der Region bisher nur im Jablanica-Gebirge nachgewiesen, gehört zu den Kletternattern. Ihr Name leitet sich von den vier (quatuor) seitlich versetzten schwarzen Streifen (lineata) auf dem bei erwachsenen Tieren braunen Rücken ab. Die im Durchschnitt 1,60 m lange Schlange ist tag- und dämmerungs-aktiv, ansonsten jedoch eher träge. Vierstreifennattern leben versteckt in lichten Laubwäldern mit felsigen und vegetationsreichen Hängen und an Steinmauern. Beim Ergreifen zischen die Tiere manchmal tieffrequent, beißen aber – im Gegensatz zu den Zornnattern - normalerweise nicht zu. Ihre Beute besteht aus Mäusen, Echsen, auch Vögeln und Eiern; Elaphe quatuorlineata gehört zu den Würgeschlangen.

Die **Ringelnatter** (Natrix natrix) besiedelt bevorzugt Biotope in Gewäs-sernähe, wie etwa vegetationsreiche Seeufer. Die im Durchschnitt einen Meter lange Schlange ist daher unter anderem an den Prespa-Seen an-zutreffen. Ihr auffälligstes Erkennungsmerkmal sind die orangegelben, gelblichen, manchmal auch weißen „Halbmondflecken" auf beiden Seiten hinter dem Kopf. Ihre Nasenlöcher sind – im Gegensatz zu denen der ebenfalls im Gebiet vorkommenden **Würfelnatter** (Natrix tesselata) - nicht nach oben gerichtet, sondern etwas zu den Seiten versetzt. Die Rin-gelnatter ist tagaktiv. Sie schwimmt und taucht ausgezeichnet und sonnt sich gerne lange im Uferbereich. Ringelnattern ernähren sich vorwiegend von Amphibien und Fischen, fressen dabei aber nur lebende Beute.

In ihrer Lebensweise der Ringelnatter ansonsten sehr ähnlich, ist die ebenfalls am den Prespa-Seen vorkommende Würfelnatter (Natrix tesselata) weitaus stärker auf Wasser angewiesen. Die Art verdankt ihren Namen den meist in Längsreihen angeordneten, würfelähnlichen Flecken auf dem Rücken, die bei einzelnen Exemplaren zu Querbändern verfließen können. Erwachsene Würfelnattern erreichen eine Körperlänge von 75 bis 100 cm. Die Art ist tagaktiv, schwimmt und taucht ausgezeichnet (bis zu 20 Minuten und länger!) und sonnt sich ausgiebig im Uferbereich. Die Würfelnatter ernährt sich überwiegend von Fischen verschiedener Arten, die unter Wasser durch aktive Jagd oder durch Auflauern am Gewässergrund gefangen werden. Kleine Fische verzehrt sie im Wasser, während sie größere Beutetiere an Land bringt und im Bereich der Wasserlinie verschlingt.

Bild: B. J. Schneider

An den Ufern der Seen in der Prespa-Ohrid-Region sind Würfelnattern häufig zu beobachten.

Fische

Auf mehr als zwei Millionen Jahre schätzen Geologen das Alter des Ohrid- und der benachbarten Prespa-Seen. Von allen negativen Einflüssen ungestört, konnte sich an den drei Balkan-Seen eine seltene aquatische Tierwelt entwickeln, und Arten, die sich anderswo nur noch als Fossilien finden, haben hier überlebt. Ein Beispiel für solch ein endemisches Relikt ist der nur im Ohrid-See vorkommende Süßwasserschwamm Ochridospongia rotunda. Sein nächster Verwandter lebt im Baikal-See, wie der Ohrid-See ein tektonischer See, der vor 20 bis 40 Millionen von Jahren entstand und der älteste See der Welt ist. Einen Hinweis auf das Alter des Schwammes gibt auch die Tatsache, dass er keine Überdauerungsorgane, sogenannte Gemmulae, besitzt. Diese scheinen sich erst im weiteren Verlauf der Schwammevolution ausgebildet zu haben.

Gemmulae (lateinisch für „kleine Knospen") sind Brutknospen bzw. Dauerstadien bei Süßwasserschwämmen sowie einigen marinen Schwämmen des Küstengebietes. Im Regelfall handelt es sich um bis zwei Millimeter große kugelförmige Zellkomplexe. Die Bildung von Gemmulae dient der Überdauerung von ungünstigen Umweltbedingungen, beispielsweise beim Durchfrieren des Gewässers oder dem Überstehen von Trockenheit. Sobald wieder günstigere Bedingungen herrschen, bilden die Gemmulae dann neue Schwammkörper aus. Bei einigen Arten kann die Gemmula, reguliert durch den Keimungshemmstoff Gemmulastasin, erst nach einer Überdauerungszeit von mindestens zwei bis drei Monaten einen neuen Schwamm bilden.

Bild: M. Schneider-Jacoby

Unter den aquatisch lebenden Tierarten, die der Ohrid-See und die Prespa-Seen beherbergen, findet sich eine Vielzahl von Vertretern der Rädertierchen, Platt- und Ringelwürmer sowie Schnecken und verschiedener Krebstiere.

Besonders hervorzuhaben ist jedoch die Fischfauna der Seen. Neben einigen Arten, die ebenso auch in vielen anderen Süßwasserseen und Flüssen Europas zu finden sind, leben hier zahlreiche endemische Fischarten.

Zu den bekanntesten endemischen Arten des Ohrid-Sees zählt die **Ohrid-Forelle** (Salmo letnica), in albanischer Sprache Koran, in mazedonischer Letnica genannt. Sie hat zahlreiche Unterarten ausgebildet. Ebenfalls zur Familie der Forellen gehört ein weiterer endemischer Fisch, der **Belvica** (Acantholingua ohridana, auch Salmothymus ohridana oder Salmo ohridanus genannt). Das Fleisch beider Arten schmeckt wie Lachs, enthält aber kaum Fett, was diese Fische nicht nur für Zoologen, sondern auch für gesundheitsbewusste Feinschmecker interessant macht.

Die Ohrid-Forelle gehört zu den mehr als 200 Arten, die dazu beitrugen, dass der Ohrid-See als Welterbe der Menschheit ausgewiesen wurde. Die Frage ist jedoch, wie lange sie dort noch zu finden sein wird. Zwar hat sie in den Tiefen des Sees die Eiszeit überdauert, doch die Zerstörung ihrer Laichplätze, Verschmutzung und die damit verbundene Eutrophierung des extrem nährstoffarmen Ohrid-Sees sowie Überfischung machen ihr heute stark zu schaffen. Schon in den letzten 30 Jahren war der Druck auf die Art enorm; zum Teil machte die Ohrid-Forelle früher fast 50 % der gesamten Fangmenge mazedonischer Fischer aus. Inzwischen stellt die zunehmende Überfischung das wahrscheinlich größte Problem dar.

Seit Jahren weiß man, dass die Bestände der Ohrid-Forelle immer stärker zurückgehen. Daher hat man begonnen, den Fisch mit verschiedenen Maßnahmen zu schützen. So etwa versuchen hydrobiologische Institute in Ohrid und Struga mit einem Zuchtprogramm, den Bestand wieder zu erhöhen. Dabei wird der Laich der Art gesammelt und die Jungfische unter geschützten Bedingungen herangezogen, bis sie als Sämlinge im Ohrid-See ausgebracht werden.

Drei bis vier Jahre später erreichen die Fische dann die Größe, in der sie gefangen werden dürfen. Doch trotz des gezielten Züchtens gehen die Fangmengen der Ohrid-Forelle im mazedonischen Bereich des Sees zurück. Denn obwohl die dortigen Fischer Netze verwenden, mit denen der Letnica ausschließlich in der vorgeschriebenen Größe von 32 cm gefangen werden kann, fischt man im albanischen Teil nach wie vor auch die kleineren Fische, die diese Größe noch nicht erreicht haben. Dies wirkt sich natürlich auf den gesamten Bestand im See aus. Kein Wunder, ist doch der Koran (albanischer Name der Ohrid-Forelle) mit rund 12 € pro Kilo der Fisch, der den größten Profit von allen Arten bringt. Daher wird er dort wohl weiterhin gefangen, bis die Art ausgestorben ist – es sei denn, es gelingt doch noch, eine auch in Albanien gültige, wirksame Schutzregelung für die Ohrid-Forelle durchzusetzen. Dies dürfte allerdings nur möglich sein, wenn den Fischern eine sinnvolle Alternative aufgezeigt werden kann.

Weitere kommerziell wichtige Fischarten im Ohrid-See sind - neben Ohrid-Forelle und Belvica - **Europäischer Aal** (Anguilla anguilla), **Döbel** (Leuciscus cephalus), **Karpfen** (Cyprinus carpio), **Nase** (Chondostroma nasus), **Albanische Plötze** (Pachychilon pictum), die auch Moranec genannt wird, und eine im Ohrid-See endemische **Rotaugenart** (Rutilus rubilio ohridanus). Auch die mit nur 10 bis 15 cm große **Ukelei** oder Laube (Alburnus alburnus alborella) spielt eine bedeutende Rolle für den Fischfang. Ebenso wird die nicht im Ohrid-See heimische, sondern aus Nordamerika stammende und von Fischern eingesetzte **Regenbogenforelle** (Oncorhynchus mykiss) gefangen und dürfte wohl schon so manchem als Ohrid-Forelle verkauft worden sein.

Für die Bevölkerung ist auch die Fischerei in den Prespa-Seen, die auf ähnlichen Arten wie im Ohrid-See basiert, ein wichtiger Wirtschaftszweig. Vor allem spielen hier Karpfen, Döbel und die endemischen Arten **Prespa-Schneider** (Alburnoides prespensis), **Prespa-Nase** (Chondrostoma prespense) und **Prespa-Barbe** (Barbus prespensis) eine Rolle.

Insgesamt wurden in beiden Prespa-Seen 23 Fischarten nachgewiesen, davon zwölf heimische und elf eingeführte Arten. Acht der zwölf heimischen Arten sind endemisch. So kommen Prespa-Barbe, der im See und seinen Zuflüssen lebende Prespa-Schneider, die Prespa-Nase, die in der Gegend verbreitete Unterart der **Prespa-Bachforelle** Salmo peristericus sowie Alburnus belvica, eine **Ukeleienart**, ausschließlich im Großen und Kleinen Prespa-See vor.

Ebenfalls endemisch für den Großen und Kleinen Prespa-See sind die Prespa-Elritze (Pelasgus prespensis), das Prespa-Rotauge (Rutilus prespensis) und der Prespa-Döbel (Squalius prespensis).

Von den weiter verbreiteten Fischarten ist für die Prespa-Seen u.a. der **Steinbeißer** (Cobitis taenia meriodionalis) nachgewiesen und sogar der **Aal** (Anguilla anguilla).

Salmo peristericus ist eine der ältesten Forellenarten im Mittelmeerraum. Sie ähnelt im Aussehen der auch bei uns heimischen Bachforelle (S. trutta), wird jedoch selten über 35 cm groß. Die „Prespa-Bachforelle" legt ihren Laich im Winter in kleineren Zuflüssen zum Großen Prespa-See ab. Dabei ist sie auf klares Wasser und sauberes Kiessubstrat angewiesen.

In den letzten Jahren ist ihr Bestand stark zurückgegangen und ihr Aussterben in den nächsten Jahren ist zu befürchten. Die Art wurde daher als „gefährdet" in die Rote Liste der Mediterranen Süßwasserfische der Weltnaturschutzorganisation [2] aufgenommen.

Tierwelt

---

[2] Red List of Mediterranean Freshwater Fish der International Union for the Conservation of Nature and Natural Resources (IUCN).

Hauptgründe für die Gefährdung sind die Zerstörung des Lebensraumes und der Laichablageplätze sowie die Tatsache, dass - unter anderem bedingt durch den Bau von Wehren - ein Austausch zwischen den einzelnen, im Oberlauf von Zuflüssen zum Prespa-See lebenden Populationen nicht mehr stattfinden kann. Eine wichtige Rolle spielen auch Güte und Menge des Wassers, in dem die Art lebt – Bedingungen, die sich in den letzten Jahren stark verschlechterten.

Weitere Faktoren sind – ähnlich wie bei der Ohrid-Forelle – Überfischung und illegale Fangmethoden wie beispielsweise der Einsatz von Chemikalien.

Doch auch zum Schutz der am Prespa-See verbreiteten Prespa-Bachforelle läuft seit 2005 ein von verschiedenen Naturschutzorganisationen aus Griechenland und Mazedonien durchgeführtes Projekt, an dem auch das französische Forschungsinstitut Tour du Valat beteiligt ist.

Das Projekt umfasst eine genaue Bestandserfassung der Art mit einem Schwerpunkt auf der geographischen Verbreitung sowie Öffentlichkeitsarbeit, um die lokale Bevölkerung über die Bedeutung der Forelle, die verschiedenen Bedrohungen, der sie ausgesetzt ist, und die bisher ergriffenen Schutzmaßnahmen zu informieren.

Bild: D. Nill

Die am Prespa-See verbreitete Bachforelle S. peristericus ähnelt im Aussehen der bei uns heimischen Bachforelle.

Das Vorkommen des Aals geht allerdings vermutlich auf Angler zurück, die diese Fische künstlich einsetzten, da beide Seen wie auch der Ohrid-See, in dem die Art ebenfalls vorkommt, keine direkte Verbindung zum Meer haben.

An den Ufern des Ohrid-Sees und der Prespa-Seen kann man Libellen beobachten, so etwa die Hufeisenazurjungfer (Coenagrion pulchellum), Blaue Federlibelle (Platycnemis pennipes), Gemeine Keiljungfer (Gomphus vulgatissimus) und Königslibelle (Anax imperator).

Kleine Königslibelle

Vögel

Prespa- und Ohrid-See sind ein wahres Paradies für Vögel. In den ausgedehnten Schilfgürteln finden zahlreiche Organismen wie etwa Wasserinsekten Lebensraum und Nahrung. Diese wiederum dienen einer Vielzahl verschiedener Vögel als Beute. Aber auch der Schilfgürtel selber und andere aquatisch lebende Pflanzen bieten, ebenso wie die (noch) in großen Mengen vorhandenen Fischbestände, reichhaltige Nahrungsgrundlagen für Wasservögel.

Alle drei Seen gelten als wichtige Überwinterungsgebiete für Zugvögel, aber vor allem der Kleine und der Große Prespa-See sind ein bedeutendes Überwinterungsgebiet für paläarktische Wasservögel. Zahlenmäßig ist dabei das **Blässhuhn** (Fulica atra) am häufigsten vertreten und macht einen großen Teil des an beiden Seen anzutreffenden Wasservogelbestands aus. Regelmäßig werden über 20.000 Tiere gezählt. Dieser enorme Vogelreichtum war nur einer von vielen Gründen, weshalb der Große und der Kleine Prespa-See nicht nur als nationale Schutzgebiete ausgewiesen, sondern auch als Feuchtgebiete von internationaler Bedeutung unter den Schutz der Ramsar-Konvention gestellt wurden.

Mit insgesamt über 285 Vogelarten ist die Avifauna der Prespa-Seen außerordentlich vielfältig. Doch nicht nur die Vielfalt und Anzahl, sondern auch die Seltenheit mancher der am Großen und Kleinen Prespa-See vorkommenden Arten spiegelt die Qualität der Seen als Lebensraum für Wasservögel wider. So beherbergt der griechische Teil des Kleinen Prespa-Sees mit über 1.000 Paaren die größte Brutkolonie der Welt des als weltweit gefährdet eingestuften **Krauskopfpelikans** (Pelecanus crispus). Als größter der in Europa vorkommenden Vertreter der Gattung der Pelikane (Pelecanus) erreicht er eine Körperlänge von bis zu 1,80 m und ein Gewicht bis 13 kg. Damit zählt er zu den größten und schwersten flugfähigen Vögeln. Seine Flügelspannweite kann bis zu 3,50 m betragen und verleiht dem Vogel nicht nur bei Start und Landung, die meist vom Wasser aus erfolgt, sondern auch im Flug ein imposantes Aussehen. Sein Gefieder ist silbrigweiß; lediglich einige Flügelspitzen sind schwarz eingefärbt. Der Kehlsack des Krauskopfpelikans leuchtet orangerot, sein Schnabel hellgelb mit einer orangefarbenen Spitze. Füße und Beine zeigen bleigraue Farbe.

Pelikane sind ausgezeichnete Thermiksegler. Ihr großes Gewicht macht jedoch das Abheben zu einer strapaziösen Angelegenheit. Zunächst muss der Vogel eine lange Strecke flügelschlagend auf der Wasseroberfläche laufen, ehe er sich in die Luft erheben kann. Nach erfolgreichem Start aber ist er ein ausdauernder Flieger: Pelikane können 24 Stunden ohne Pause fliegen und dabei bis 500 km zurücklegen.

Krauskopfpelikane leben überwiegend von Fischen (vor allem Karpfenartigen) und benötigen täglich etwa ein Kilogramm Nahrung. Während der Jagd schwimmen sie auf der Wasseroberfläche und tauchen gelegentlich. Beim Beutefang werden auch Jagdgemeinschaften mit anderen Pelikanen gebildet. Dabei schwimmen die Vögel in einem Halbkreis und treiben die Fische vor sich her ins flache Wasser, wo sie diese dann tauchend leicht erbeuten können. Manchmal werden solche Aktionen durch heftiges Schlagen der Flügel auf die Wasseroberfläche unterstützt. Weitere Jagdvarianten sind das Bilden eines Kreises, der dann ganz geschlossen wird, oder zweier gerader Linien, in denen die Vögel aufeinander zu schwimmen. Wurde ein Fisch erbeutet, wird das Wasser aus dem Hautsack am Schnabel abgelassen und der Fisch geschluckt.

Der griechische Teil des Kleinen Prespa-Sees ist außerdem mit rund 200 Brutpaaren auch das bedeutenste Brutgebiet des **Rosapelikans** (P. onocrotalus) innerhalb der Europäischen Union.

Mit einer Körperlänge von 1,60 m und einer Flügelspannweite von 2,80 m ist die Art deutlich kleiner als der Krauskopfpelikan. Auch unterscheidet er sich von diesem durch sein weißes (nicht grauweißes!) Gefieder mit einem Hauch von Rosa im Brutkleid. Seine Schwungfedern sind vollständig schwarz, während die des Krauskopfpelikans nur vereinzelt an den Spitzen schwarz eingefärbt sind. Um das Auge trägt der Rosapelikan einen großen rosa Gesichtsfleck, und auch seine Beine sind rosa.

Zwar brüten sowohl Krauskopf- als auch Rosapelikan heute nur noch im griechischen Teil des Kleinen Prespa-Sees, nutzen aber den gesamten See wie auch den Großen Prespa-See zur Nahrungsaufnahme. Besonders eindrucksvoll ist die Beobachtung der Vögel bei einer Bootstour vom albanischen Gorice e Vogel an das gegenüberliegende Ufer oder von Zaroshka zur Insel Mali Grad. Auch von den Beobachtungstürmen im Vogelschutzgebiet Ezerani am mazedonischen Ufer des Großen Prespa-Sees bei Pretor kann man die Pelikane gut beim Ausruhen am Ufer betrachten.

Rosapelikan (Pelecanus onocrotalus)

Das auffälligste Merkmal der Pelikane ist der je nach Art 25 bis 47 cm lange Schnabel. Der bei fast allen Ruderfüßern (Pelecaniformes) vorhandene Kehlsack ist bei den Vertretern der Gattung Pelecanus extrem vergrößert und mit dem Unterschnabel verbunden, von dem er als außerordentlich dehnbarer Hautsack herabhängt. Diesen Kehlsack, dessen Fassungsvermögen bei den größten Arten bis zu 13 Liter betragen kann, setzen die Vögel beim Fischfang als Kescher ein, wobei ihn der lange, leicht abwärts gebogene Oberschnabel dicht verschließt.

Das weiße Gefieder der Pelikane weist manchmal einen rosa oder grauen Schimmer auf; dieser Farbton kommt durch ein Sekret der Bürzeldrüse zustande. Wie kräftig der Farbton ist, hängt von den Ernährungsmöglichkeiten in der jeweiligen Region ab. Am Vorderkopf haben Pelikane unbefiederte Stellen, die zur Brutzeit leuchtende Farben annehmen können. Oft ermöglicht diese Färbung auch die Unterscheidung der Geschlechter. Die kräftigen Farben sind jedoch meistens nur einige Tage lang vorhanden, ehe sie wieder verblassen.

Auch zur Balz nehmen die nackten Hautpartien am Vorderkopf leuchtende Farben an. Die männlichen Pelikane vollführen dann ein Balzritual, das sich von Art zu Art unterscheidet, oft aber ein Emporrecken von Kopf und Schnabel und ein ballonartiges Aufblasen des Hautsacks am Unterschnabel einschließt.

Krauskopfpelikane brüten normalerweise auf kahlen, geschützt liegenden Inselchen in ruhigen Gewässerbereichen. So ist die Art vor Fressfeinden weitgehend sicher. Das Nest besteht aus einer einfachen, meist aus wenigen Zweigen zusammengesetzten Konstruktion, die mit Schilf und Schlamm verstärkt wird. In der Regel bilden mehrere dicht nebeneinander angelegte Nester eine zusammenhängende Plattform.

Erwachsene Krauskopfpelikane nutzen Jahr für Jahr die selbe Brutkolonie, und auch die Jungtiere kehren nach Erreichen der Geschlechtsreife zum Brüten an die Stelle zurück, an der sie zur Welt kamen. Die Brutkolonien bestehen daher über Jahrzehnte, mitunter sogar über Jahrhunderte hinweg.

Die Brutsaison dauert von März bis Juli. Das Krauskopfpelikan-Weibchen legt dann zwei, selten drei weißliche Eier, die von beiden Altvögeln über einen Zeitraum von etwa 30 Tagen bebrütet werden. Die Jungen bleiben nach dem Schlüpfen etwa einen Monat lang im Nest.

Danach schließen sie sich zu lärmenden Gruppen zusammen, die an Kindergärten erinnern und daher auch „Krippen" genannt werden. Nach etwa drei bis vier Monaten verlassen die Jungen ihre Gruppe, beginnen eigenständig zu fischen, werden flügge und sind bald völlig selbstständig. Geschlechtsreif werden sie erst im dritten oder vierten Lebensjahr. Frei lebende Krauskopfpelikane können ein Alter von über zwanzig Jahren erreichen.

Pelikane sind sehr empfindlich und lassen bei Störungen schnell ihr Nest im Stich. Überschwemmungen und kaltes, regnerisches Wetter verursachen hohe Verluste unter Eiern und Jungvögeln. Nicht selten verhungert auch ein schwächliches Junges. Aus diesen Gründen überlebt selten mehr als ein Junges aus einem Gelege.

An den Prespa-Seen ging der Brutbestand der Pelikane (sowohl des Rosa- als auch des Krauskopfpelikans) ab den 1980er Jahren stark zurück. Mit Hilfe von künstlich hergestellten schwimmenden Brutplattformen konnte der Bestand jedoch stabilisiert werden. Im Jahr 1999 brüteten dann wieder mehr als 500 Paare des Krauskopfpelikans am Kleinen Prespa-See, und bis 2003 hat sich ihre Anzahl mit mehr als 1.000 Brutpaaren inzwischen sogar verdoppelt.

In vielen Teilen der Welt wurden Pelikane lange aus den unterschiedlichsten Gründen gejagt. In Ostasien gilt die Fettschicht der Jungvögel als Heilmittel in der Traditionellen Chinesischen Medizin und auch in Indien wird dieses Fett als wirksam gegen rheumatische Beschwerden geschätzt. In Südosteuropa waren die sehr elastischen, aber doch stabilen Kehlsäcke der Pelikan-Schnäbel früher sehr begehrt für die Herstellung von Beuteln und Futteralen.

Ins Reich der Fantasie gehört ein Volksglaube, der auf die Darstellung des Pelikans im Physiologus, einem frühchristlichen Tierkompendium, zurückgeht. Danach öffnet sich der Pelikan mit dem Schnabel die Brust, um seine Jungen mit eigenem Blut zu nähren und sie so vor dem Hungertod zu bewahren. Dieser Mythos wurde in Bezug zum Opfertod Jesu Christi gesetzt, wodurch der Pelikan zu einem in der kirchlichen Heraldik und der gesamten christlichen Kunst häufig verwendeten Motiv wurde. So findet er sich oft auch als Symbol für das christliche Abendmahl auf sakralen Gegenständen wie dem Hostienkelch.

Möglicherweise erklärt sich der Mythos, junge Pelikane würden mit Blut ernährt, aus der durchaus eindrucksvollen Art, wie die Jungen sich ihr Futter tief aus dem Kehlsack der Alttiere holen. Das könnte die Vorstellung erweckt haben, sie würden sich an deren Brustfleisch nähren. Außerdem besteht beim Krauskopfpelikan die Besonderheit, dass sich sein Kehlsack während der Brutzeit rot färbt, was an eine blutige Wunde erinnert.

Auch für weitere gefährdete Vogelarten wie **Moorente** (Aythya nyroca) und **Zwergscharbe** (Phalacrocorax pygmaeus) bieten die beiden Prespa-Seen noch Lebensraum. Moorenten brüten unter anderem im griechischen Teil des Kleinen Prespa-Sees. Hier hat auch die Zwergscharbe ihre Brutplätze. Beide Arten nutzen jedoch den gesamten Seenkomplex zur Nahrungssuche. Ebenso kommt auch der „große Bruder" der Zwergscharbe, der **Kormoran** (Phalacrocorax carbo), an beiden Prespa-Seen und am Ohrid-See vor.

Zwergscharbe

Die Familie der **Lappentaucher** (Podicipedidae) ist im Prespa-Ohrid-Gebiet mit einer Vielzahl von Arten vertreten. Lappentaucher sind ans Wasser gebundene, tauchende Vögel. Da ihre Knochen weniger hohl und daher mit weniger Luft als die anderer (Wasser-)Vogelarten gefüllt sind, liegen sie wesentlich tiefer im Wasser und können lange und tief tauchen.

Zum Abtauchen machen die Vögel einen kräftigen Satz nach vorn, wobei sie manchmal mit dem gesamten Körper aus dem Wasser herauskommen, ehe sie mit Kopf und Hals voran eintauchen. Durch diesen Sprung erreichen die Vögel einen steileren Abwärtswinkel und gelangen so leichter in größere Tiefen. In der Regel dauert ein Tauchvorgang 10 bis 40 Sekunden, wobei die kleineren Arten der Familie kürzer unter Wasser bleiben als die größeren. Im Schnitt vermag ein Lappentaucher etwa eine Minute unter Wasser zu bleiben; für den am Ohrid- und den Prespa-Seen nur selten vorkommenden **Ohrentaucher** (Podiceps auritus) wurden maximal drei Minuten gemessen. Die Tauchtiefe liegt zwischen einem und vier Metern, Lappentaucher können aber auch in horizontaler Richtung weite Strecken unter Wasser zurücklegen.

Weitere Lappentaucherarten an den drei Seen sind **Zwergtaucher** (Tachybaptus ruficollis), **Schwarzhalstaucher** (Podiceps nigricollis), **Haubentaucher** (P. cristatus) und **Rothalstaucher** (P. grisegena).

Ebenfalls zu den Tauchern, jedoch zu den Seetauchern (Gaviidae), zählt der **Prachttaucher** (Gavia arctica), der im Gebiet allerdings bisher nur ein einziges Mal, und zwar am Großen Prespa-See, nachgewiesen werden konnte.

Bild: D. Nill

Der Haubentaucher gehört zur Familie der Lappentaucher und ist sowohl am Prespa-See als auch am Ohrid-See anzutreffen.

Entenvögel (Anatidae) sind zahl- und artenreich an beiden Prespa-Seen und dem Ohrid-See zu finden.

Ein grundlegendes Unterscheidungsmerkmal bei Entenvögeln ist die Art der Nahrungsaufnahme. **Schwimmenten** (Anatini) können zwar tauchen, nutzen diese Fähigkeit aber sehr selten bei der Nahrungsaufnahme. Vielmehr nehmen sie ihre Nahrung „gründelnd" auf. Dabei ragt nur das Hinterteil aus dem Wasser, während der Vogel am Grund nach Fressbarem sucht. Schwimmenten, auch Gründelenten genannt, bevorzugen daher Flachwasserzonen. Eine Ausnahme stellen die ebenfalls den Schwimmenten zugeordneten **Pfeifenten** (Anas penelope) dar, die hauptsächlich an Land ihre Nahrung suchen und nach Gänseart Gräser und Kräuter fressen.

Am Großen und Kleinen Prespa-See sowie dem Ohrid-See leben und/oder überwintern verschiedene, dem Tribus der Schwimmente zugehörige Entenarten, darunter die auch bei uns weit verbreitete **Stockente** (A. platyrhynchos). Ebenfalls an allen drei Seen ist die **Krickente** (A. crecca) anzutreffen. Mit nur etwa 35 cm Länge ist sie die kleinste Entenart in Europa. Namensgebend dürfte der Balzruf des Erpels, ein helles „krrik" oder „krílük", gewesen sein.

Auch bei der **Spießente** (A. acuta) war ein typisches Merkmal des Erpels namensgebend für Art: Im Prachtkleid trägt er einen langen und spitz auslaufenden Schwanz, der an einen Spieß erinnert. Spießenten sind sowohl für den Ohrid-See als auch für den Großen und Kleinen Prespa-See nachgewiesen.

Bild: D. Nill

Nur im Prachtkleid trägt der Erpel der Spießente den langen, spießähnlichen Schwanz.

Da sich die **Schnatterente** (A. strepera) überwiegend von Wasserpflanzen wie Laichkräutern sowie den Samen und Ausläufern von Riedgräsern ernährt, findet auch sie optimale Lebensbedingungen in den Schilfzonen der drei Seen.

Wie bereits oben erwähnt, zählt die **Pfeifente** (A. penelope) ebenfalls zu den Schwimm- oder Gründelenten. Dennoch sucht sie ihre ausschließlich vegetarische Nahrung hauptsächlich an Land. Dazu sucht sie unter anderem landwirtschaftlich genutzte Flächen an den Ufern der drei Seen auf. Pfeifenten sind sowohl tag- als auch dämmerungs- und nachtaktiv – eine Seltenheit bei Entenvögeln. Doch eine rückseitig im Auge der Pfeifente vorhandene Schicht reflektiert das einfallende Licht, so dass die eigentlichen Sehnerven doppelt vom Licht getroffen werden und die Art somit in der Dunkelheit außerordentlich gut sieht. So kann sie ihren Nahrungsbedarf von täglich rund 300 bis 400 Gramm Pflanzenmaterial auch nachts decken.

Die an allen drei Seen im Gebiet vorkommende **Löffelente** (A. clypeata) weist ebenfalls eine auffällige Besonderheit auf: Sie verfügt über einen löffelartig umgebildeten Schnabel mit feinen Lamellen, der sich zur Aufnahme von Plankton aus dem Wasser eignet.

Im Gegensatz zu den Schwimmenten suchen die **Tauchenten** (Aythyini), wie der Name vermuten lässt, ihre Nahrung tauchend. Dies wird durch den im Vergleich zu den Schwimmenten gedrungeneren Körperbau und den kürzeren Hals begünstigt. Auch setzen ihre großen Füße weit hinten am Körper an, was das Abtauchen erleichtert. Das Auffliegen aus dem Wasser fällt den Tauchenten dagegen relativ schwer; wie auch Lappentaucher und Pelikane müssen sie einen entsprechenden Anlauf nehmen. Einmal in der Luft, sind sie aber sehr gute Flieger.

Bilder: J. Schneider

Löffelente männlich (links) und weiblich (rechts)

Neben der bereits erwähnten **Moorente** (Aythya nyroca) kommen im Gebiet weitere den Tauchenten zuzuordnende Arten vor, so etwa die **Kolbenente** (Netta rufina), deren Männchen in der Paarungszeit an dem dicken, rotbraunen Kopf und dem knallrot gefärbten Schnabel zu erkennen sind. Weitere Tauchentenarten sind die **Tafelente** (Anas ferina) und die **Reiherente** (A. fuligula). Bei Letzterer ist das Männchen an seinem am Hinterkopf herabhängenden Schopf sehr gut zu erkennen, während das Weibchen, wie bei den meisten Entenvögeln eher unscheinbar aussieht.

Zu den Meerenten gehört die am Großen wie am Kleinen Prespa-See nachgewiesene **Schellente** (Bucephala clangula), die nährstoffarme Gewässer bevorzugt.

Wie das an allen drei Seen sehr häufige **Blässhuhn** (Fulica atra), kommt hier auch die **Teichralle** (Gallinula chloropus) vor, die ebenfalls zur Familie der Rallenvögel (Rallidae) zählt.

Das Brutvorkommen des **Gänsesägers** (Mergus merganser) am Großen Prespa-See gilt als das südlichste der Art. Hier findet man auch den **Zwergsäger** (M. albellus).

Bild: D. Nill

Blässhuhn

Bild: G. Bachmeier

Gänsesäger

Weitere Arten, die eng an die aquatischen Lebensräume im Prespa-Ohrid-Gebiet gebunden sind, da sie hier ihre Nahrung wie Fische und Amphibien finden, sind verschiedene Reiherarten sowie der **Eisvogel** (Alcedo atthis). Ihn kann der aufmerksame Vogelfreund mit großer Wahrscheinlichkeit beispielsweise bei einer Fahrt mit dem Ruderboot über den Quelltopf beim Kloster Sveti Naum am mazedonischen Ufer des Ohrid-Sees sehen.

Bei einem ausgiebigen Blick über den Schilfgürtel an den Seeufern lässt sich sicher auch einer der im Gebiet vorkommenden Reiher entdecken. Neben dem **Silberreiher** (Egretta alba) sind **Seidenreiher** (E. garzetta) und **Rallenreiher** (Ardeola ralloides) die am häufigsten zu beobachtenden Reiherarten. Auch **Graureiher** (Ardea cinerea) und **Nachtreiher** (Nycticorax nycticorax) sind vertreten.

Bild: D. Nill

Vermutlich im Schilfgürtel von Prespa- und Ohrid-See zu entdecken: der Nachtreiher.

Zwar ist das Gebiet vor allem für Wasservögel oder eng an aquatische Lebensräume gebundene Arten von besonderer Bedeutung, es beherbergt aber auch im angrenzenden Bergland eine interessante Vogelfauna, darunter verschiedene Greif- und Spechtvögel.

So findet man beispielsweise **Schwarzspechte** (Dryocopus martius), **Weißrückenspechte** (Dendrocopos leucotos) und **Buntspechte** (Dendrocopos major) in den Wäldern der Gebirgszüge von Jablanica-Shebenik, Galicica und Mali e Thate. Als eine Art, die halboffene Landschaften bevorzugt, ist der **Grünspecht** (Picus viridis) vor allem an Waldrändern, in Feldgehölzen und auf Obstwiesen anzutreffen. Innerhalb ausgedehnter Waldgebiete kommt er nur in stark aufgelichteten Bereichen, an Waldwiesen und größeren Lichtungen in Laubwäldern vor. Er ist im gesamten Prespa-Ohrid-Gebiet beheimatet. Von der Anwesenheit anderer Spechtarten profitiert der **Blutspecht** (Dendrocopos syriacus), der meist keine eigenen Höhlen baut, sondern sich in verlassenen Höhlen anderer Spechte einnistet, die er lediglich reinigt und innen mit neuen Holzspänen auspolstert. Der Blutspecht ist vor allem für die Eichenwälder des Gebirges Mali e Thate nachgewiesen, aber auch die halboffene Kulturlandschaft am albanischen Ufer der Prespa-Seen nutzt er als Jagd- und Nistgebiet.

Schwarzspecht

Tierwelt

Die engen Schluchten im mazedonischen Jablanica-Gebirge dürften **Uhu** (Bubo bubo) und **Schwarzstorch** (Ciconia nigra) als Lebensraum dienen. Für diese Arten gibt es jedoch bisher keine gesicherten Nachweise. Ohne Zweifel haben aber die Schluchten mit dem Verschwinden des **Gänsegeiers** (Gyps fulvus) und des **Schmutzgeiers** (Neophron percnopterus), die hier einst beheimatet waren, an natürlichem Wert verloren. Auch der **Bartgeier** (Gypaetus barbatus) – bisher einmalig im Jablanica-Gebirge nachgewiesen – ist hier vermutlich nicht mehr zu finden, wenngleich die Lebensraumansprüche der Art durchaus noch erfüllt sind.

Dafür sind noch immer **Schlangenadler** (Circaetus gallicus) und **Steinadler** (Aquila chrysaetos) am Großen und Kleinen Prespa-See und im Jablanica-Gebirge beheimatet, und am Ohrid-See kann mit etwas Glück der **Schelladler** (A. clanga) beobachtet werden.

Weitere im gesamten Gebiet lebende Greifvogelarten sind **Rötelfalke** (Falco naumanni), **Wanderfalke** (F. peregrinus) und **Turmfalke** (F. tinnunculus) sowie **Mäusebussard** (Buteo buteo), **Sperber** (Accipiter nisus) und **Habicht** (A. gentilis).

Nach Eintritt der Dämmerung hört man im Shebenik-Gebirge (Albanien) die Rufe der **Waldohreule** (Asio otus) und des **Waldkauzes** (Strix aluco).

Bild: D. Nill

Bild: M. Schneider-Jacoby

Waldkauz

Schwarzstorch

Bild: D. Nill

Neben all diesen Arten bietet das Prespa-Ohrid-Gebiet einer Vielzahl von Singvögeln Lebensraum, die auch bei uns heimisch sind, darunter Hausrotschwanz (Phoenicurus ochruros), Blau- und Kohlmeise (Parus caeruleus bzw. P. major) und Buchfink (Fringilla coelebs).

Bild: J. Schneider

Rötelfalken (oben), Blaumeise (unten)

Bild: R. Knauer

Gefährdung und Schutz

Schutz/Gefährdung

Gefährdung und Schutz

Natur und Landschaft um den Ohrid- und die Prespa-Seen stehen seit einiger Zeit in weiten Teilen zumindest formal unter Schutz. Vor allem in Mazedonien wurden bereits in den 1950er Jahren weite Bereiche der Gebirgslandschaften um die Seen als Nationalparke geschützt. Und der mazedonische Teil des Ohrid-Sees ist seit 1979 als Unesco-Weltnaturerbe geschützt. 1980 kam die Altstadt von Ohrid als Unesco-Weltkulturerbe hinzu.

Schutz/Gefährdung

Bild: G. Schwaderer

Schon seit 1948 stellt der Pelister-Nationalpark einen 125 Quadratkilometer großen Ausschnitt der Region unter Schutz. Ein Teil davon gehört zum Wassereinzugsgebiet des Großen Prespa-Sees, obwohl der Park nicht direkt an den See angrenzt. Der Gebirgsrücken, der den Großen Prespa-See vom Ohrid-See trennt, steht auf der mazedonischen Seite als Galicica-Nationalpark mit einer Gesamtfläche von 221,5 Quadratkilometern auch schon seit 1958 unter qualifiziertem Schutz. Auf der albanischen Seite kam durch die Ausweisung des Prespa-Nationalparks im Jahr 1999 eine geschützte Fläche von 277,5 Quadratkilometern hinzu. Das sich im Westen an den albanischen Prespa-Nationalpark anschließende Ohrid-Landschaftschutzgebiet wurde ebenfalls 1999 ausgewiesen und umfasst eine Fläche von 273, 2 Quadratkilometern.

Die Altstadt von Ohrid und der mazedonische Teil des Ohrid-Sees sind als Weltkultur- und Weltnaturerbe geschützt.

Und das mazedonische Nordufer des Großen Prespa-Sees ist seit 1995 als „Strict Nature Reserve" (IUCN-Kategorie I) auf einer Fläche von 28 Quadratkilometern geschützt; es wird als Ezerani-Schutzgebiet bezeichnet. Der griechische Teil des Großen wie auch des Kleinen Prespa-Sees wurde, zusammen mit dem überwiegenden Teil des Wassereinzugsgebiets der beiden Seen, im Jahr 1974 als griechischer Prespa-Nationalpark auf einer Fläche von 256,9 Quadratkilometern unter Schutz gestellt.

bestehende Schutzgebiete
geplantes Schutzgebiet

Karte: K. Sauer

A **Prespa-Nationalpark (GR)**
B **Pelister-Nationalpark (MK)**
C **Galicia-Nationalpark (MK)**
D **Prespa-Nationalpark (AL)**
E **Jablanica-Nationalpark (MK), geplant**
F **Shebenik-Jablanica-Nationalpark (AL)**
G **Mavrovo-Nationalpark (MK)**

Die Seen und Gebirgslandschaften in der Prespa-Ohrid-Region sind durch ein umfassendes Schutzgebietssystem formal bereits gut geschützt. Nun geht es darum, das Management in den Schutzgebieten zu optimieren, um die Naturschätze entlang des Grünen Bandes dauerhaft zu sichern.

Um den grenzüberschreitenden Schutz dieser Gebiete - insbesondere auch im Hinblick auf die hierfür notwendige Zusammenarbeit der zuständigen Behörden und Ministerien - zu gewährleisten, wurde im Jahr 2000 eine trilaterale Initiative von Albanien, Griechenland und Mazedonien gestartet, zu deren Vorbereitung mehrere Naturschutzorganisationen, unter ihnen der WWF und EuroNatur, wichtige Beiträge leisteten. Dies führte dazu, dass die Ministerpräsidenten der drei Länder einen Vertrag über den Schutz des gesamten Wassereinzugsgebiets des Großen und Kleinen Prespa-Sees mit einer Fläche von insgesamt 2.519 Quadratkilometern unterzeichneten.

Zwar ist die Anzahl und die Gesamtfläche der Schutzgebiete in der Balkan-Seenlandschaft beeindruckend. Aber leider stehen Anspruch und Wirklichkeit - zumindest in einigen der Schutzgebiete - immer noch in einem krassen Gegensatz. Viele große und kleine Initiativen von nationalen und internationalen Organisationen versuchen, diese Missstände abzubauen.

Die größten Gefahren für die faszinierenden Landschaften im Südwesten der Balkan-Halbinsel sind die Übernutzung der Landschaft durch den intensiven Tourismus in den Sommermonaten, die intensive Bewässerungslandwirtschaft sowie die Überweidung und vor allem auch die Überfischung der Seen.

Überfischung der Seen – das Ende der Ohrid-Forelle?

Ein zentrales Problem für die Seen der Region, die aufgrund ihres niedrigen Nährstoffgehalts ohnehin eine vergleichsweise geringe Produktivität aufweisen, ist die zunehmende Überfischung. Für die endemische Ohrid-Forelle (Salmo letnica), die nur im Ohrid-See lebt und frühestens mit sieben Jahren die Geschlechtsreife erreicht, ist die Situation inzwischen sehr bedrohlich. In Mazedonien gilt deshalb seit 2006 ein absolutes Fangverbot für diese Forellenart.

Der einstige Fischreichtum im Ohrid-See ist stark zurückgegangen. So ergibt sich etwa aus den Fischereistatistiken, dass für den Fang einer bestimmten Fischmenge inzwischen rund ein Drittel mehr Zeit aufgewendet werden muss als noch Ende der 1990er Jahre. Die traditionellen Laichgebiete der

Ohrid-Forelle im oberen Litoral sind inzwischen fast alle verschwunden. Inzwischen laicht sie nur noch in wesentlich geringerer Zahl und in größerer Seetiefe. Aber auch die Laichgebiete für Karpfen und Ukeleien sind dramatisch zurückgegangen. Aufgrund der relativ steil abfallenden Ufer am Ohrid-See gibt es nur sehr wenige Flachwasserzonen und daher auch entsprechend wenige Schilfgebiete, die aber sehr wichtig sind als Kinderstube für viele Fischarten. Dies gilt insbesondere auch für die Karpfenartigen. In den vergangenen Jahren fielen einige der letzten Schilfgebiete weiterer Hotelbauten sowie dem Ausbau von Strandbädern zum Opfer. Ebenso führte die zunehmende Sportfischerei zu einem weiteren Rückgang der Fischbestände.

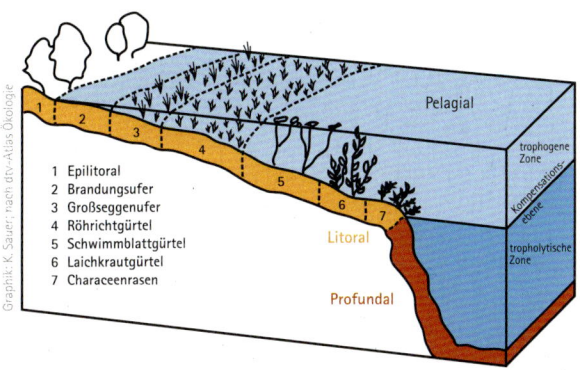

Graphik: K. Sauer, nach dtv-Atlas Ökologie

1 Epilitoral
2 Brandungsufer
3 Großseggenufer
4 Röhrichtgürtel
5 Schwimmblattgürtel
6 Laichkrautgürtel
7 Characeenrasen

Pelagial

trophogene Zone

Kompensationsebene

tropholytische Zone

Litoral

Profundal

Der Fischfang ist von jeher eine wesentliche Lebensgrundlage
für die Menschen in der Prespa-Ohrid-Region.

Bild: M. Schneider-Jacoby

Chemische Untersuchungen brachten vor allem bei Forellen, Ukeleien,
Karpfen und Aalen sehr stark erhöhte DDT- und Lindan-Werte ans Licht,
die auf Verschmutzungen aus der Landwirtschaft zurückzuführen sind.
Ebenfalls sehr problematisch dürften sich die Einleitungen der Industrie-
anlagen um Pogradec auf die Wasserqualität im Ohrid-See ausgewirkt
haben. Die politische Führung Albaniens beschloss in den 1970er Jahren,
die Stadt am Ohrid-See zu einem Industriestandort auszubauen. Direkt
am Ufer wurde eine Eisen-Nickel-Mine mit einem angegliederten An-
reicherungswerk gebaut, das aber bereits 1989 stillgelegt wurde, da es
nicht mehr rentabel war. Inzwischen sind die Belastungen durch toxische
Stoffe hier wie auch an anderen Orten zurückgegangen.

Für die Prespa-Region ist die Fischerei einer der wichtigsten Wirtschafts-
sektoren. Im albanischen Teil des Großen Prespa-Sees gibt es rund 100
Fischer, die aber nicht organisiert sind und daher weder die Befischung
noch die Vermarktung miteinander abstimmen. Rund die Hälfte der Fischer
hat zudem keine Lizenz; sie gehen ihrer Tätigkeit illegal nach.

Im albanischen Teil des Großen Prespa-Sees ist der ökonomisch wichtigste Fisch inzwischen die Prespa-Renke, eine endemische Art (Alburnus belvica), die rund 80 % des Fangs ausmacht. Nur noch rund 10 % des Fangs besteht aus dem früher häufigen Karpfen (Cyprinus carpio). Hinzu kommen noch Prespa-Nase und Prespa-Barbe. Insgesamt sind die Fangmengen in den letzten zwei Jahrzehnten dramatisch zurückgegangen. Besonders stark betroffen ist der Karpfen, der bis in die 1980er Jahre der „Brotfisch" (also der für die Ernährung der Bevölkerung wichtigste Fisch) am Großen Prespa-See war. Eine wesentliche Ursache für diese Entwicklung ist die Überfischung und die Zerstörung der wichtigsten Laichplätze. Verheerend wirkte sich insbesondere die Einführung von Nylonnetzen sowie die Aufnahme regulärer Fischereiaktivitäten auch im Sommer aus. Die zunehmende Verbauung der Ufer und die Verlandung des Kleinen Prespa-Sees durch den horrenden Sedimenteintrag (siehe Seite 157) zerstörte wichtige Laichplätze.

Schwarzbauten zersiedeln die Landschaft

In Albanien zeigt das Fehlen jeglicher Raumplanung auf Gemeinde- und Bezirksebene katastrophale Folgen. Und sofern übergeordnete Planungen überhaupt existieren, werden sie nicht oder nur unzureichend umgesetzt. In der Folge greift fast überall eine ungeregelte Zersiedelung um sich. Bei längeren Fahrten durch das Land drängt sich einem das Gefühl auf, dass jeder ein Haus bauen kann, wo er es gerade will. Auch in den landwirtschaftlich genutzten Regionen gehören Stahlbeton-Skelette von begonnenen und häufig unvollendet wieder eingestellten Bauten am Rande eines Ackers oder einer Wiese inmitten der Feldflur zum typischen Bild. In den Gesetzen zur Bodenprivatisierung legte die albanische Regierung Anfang der 1990er Jahre fest, dass jeder Bewohner der ländlichen Gebiete Anspruch auf eine bestimmte Fläche zur landwirtschaftlichen Nutzung haben sollte. Er musste sich hierfür lediglich registrieren lassen.

Ursprünglich war damit zwar eine entsprechende Nutzungseinschränkung verbunden. Diese trat allerdings mit der Zeit immer mehr in den Hintergrund, zudem auch eine gesetzliche Regelung über die Dauer ihrer Gültigkeit fehlte. Problematisch ist bis heute die Erschließung solcher einzeln stehender Gebäude. Üblicherweise schließen sich die Eigentümer einfach selbst an das Stromnetz an, und es werden weder Anschluss- noch Verbrauchsgebühren entrichtet. Nicht selten kommt es vor, dass die Schwarzbauten später legalisiert werden.

Besonders in Albanien ist die Zersiedelung der Landschaft ein großes Problem.

Albanien – das Land der Bunker

Der albanische Diktator Enver Hoxha hat während seiner Herrschaft im ganzen Land rund 600.000 kleine Bunker für die Landesverteidigung bauen lassen. Zwar gibt es immer wieder unermüdliche „Bunkerspechte", die mit Pickel und Meisel versuchen, die Stahlarmierungen der Bunker freizulegen, um den Stahl verkaufen zu können. Trotzdem werden die Bunker Albaniens Landschaft noch lange Zeit prägen.

Wie überdimensionierte Pilze stehen die Bunker an
allen strategisch wichtigen Orten Albaniens.

Bilder: G. Schwaderer

Intensive Bewässerungslandwirtschaft

Die intensive landwirtschaftliche Nutzung, vor allem der Bewässerungsfeldbau, hat in der gesamten Prespa-Region großflächig seine Spuren
hinterlassen. Alleine in Albanien wurden in der Korca-Ebene in den Spitzen-
zeiten mehr als 25.000 Hektar bewässert. Zwar liegt diese Fläche außerhalb des Einzugsgebiets der beiden Prespa-Seen. Da aber ein Großteil des
Wassers dem Kleinen Prespa-Seen entnommen wurde, hatte diese Form
des Bewässerungsfeldbaus gravierende, nachteilige Folgen für das
hydrologische und ökologische System des Kleinen Prespa-Sees.

Die Wasserentnahmen in Griechenland sind derzeit allerdings noch pro-
blematischer. Im griechischen Prespa-Nationalpark werden auf fast allen
Flächen in Seenähe Bohnen im intensiven Bewässerungsfeldbau angebaut.

Schutz/Gefährdung

Maliq – Das Ende eines einzigartigen Feuchtgebiets

Nördlich von Korca liegt die Ebene von Maliq. Seit 1936 wurde das ehemals rund 10.000 Hektar große Maliq-Feuchtgebiet nach und nach trockengelegt und in der Folge landwirtschaftlich genutzt. Lediglich ein kleiner Rest blieb erhalten, der aber für den Schutz der Biodiversität nur noch eine untergeordnete Rolle spielt. Vor der Zerstörung dieses einzigartigen Feuchtgebiets brütete hier die größte Pelikan-Kolonie der Balkan-Halbinsel. Erst danach entwickelte sich die auf der griechischen Seite des Kleinen Prespa-Sees befindliche Pelikan-Kolonie mit weit mehr als 1.000 Brutpaaren zu ihrer heutigen Größe.

Blick vom Zvasde-Pass in die Weite der inzwischen landwirtschaftlich genutzten Maliq-Ebene.

Die landwirtschaftliche Nutzung der Maliq-Ebene wirkte sich nicht nur auf das Feuchtgebiet selbst, sondern auch auf den Kleinen Prespa-See sehr nachteilig aus, denn dieser wurde seit den 1970er Jahren als Wasserspeicher für die Bewässerung der landwirtschaftlichen Kulturen genutzt. Dabei machten sich die Wasserbauingenieure zunutze, dass der Kleine Prespa-See bei sehr hohen Wasserständen immer schon einen Überlauf über die Schlucht von Ujku in das Devolli-Tal hatte. Bereits im Jahr 1953 wurde hier eine Verbindung zwischen dem Devolli und dem Kleinen Prespa-See hergestellt.

Im Winter leitete man jeweils 30 bis 70 Millionen Kubikmeter Wasser vom Fluss in den See, womit aber auch ein Sedimenteintrag von rund 40.000 Kubikmetern verbunden war. Und im Sommer erfolgte dann aus dem See die Bewässerung der Maliq-Ebene, wo ab 1976 eine intensive Nutzung einsetzte. Das erforderliche Wasser wurde über ein umfangreiches Kanalsystem auf die landwirtschaftlichen Flächen um Korca mit einer Ausdehnung von rund 25.000 Hektar geleitet. Jährlich entnahm man dem Kleinen Prespa-See auf diesem Weg bis zu 90 Millionen Kubikmeter Wasser. Erst im Jahr 2000 wurde dieses vor allem für den Kleinen Prespa-See verhängnisvolle Bewässerungssystem wieder eingestellt.

Die ökologische Funktion des Kleinen Prespa-Sees wurde durch seine Nutzung als Wasserspeicher für die Bewässerung der Maliq-Ebene zwischen 1976 und 2000 stark beeinträchtigt. Vor allem die Umleitung des Devolli wirkte sich katastrophal aus. Die große Sedimentfracht des Flusses schüttete den Kleinen Prespa-See massiv auf, so dass er immer mehr verlandete. Die Sedimente hätten durch ein Absetzbecken abgeschieden werden sollen, aber die entsprechenden technischen Einrichtungen funktionierten nie richtig. Schätzungen gehen davon aus, dass während dieser Zeit rund 1,2 Millionen Kubikmeter Sediment in den Kleinen Prespa-See eingetragen worden sind. Inzwischen beträgt die maximale Wassertiefe weniger als acht Meter. Der albanische Teil des Kleinen Prespa-Sees ist heute nicht mehr durch eine offene Wasserfläche, sondern durch große, ausgedehnte Schilfflächen geprägt. Zwar wird der Devolli seit dem Jahr 2000 nicht mehr in den Kleinen Prespa-See eingeleitet. Die durch die hydrologischen Eingriffe bereits verursachte Eutrophierung hat die biologische Produktion aber so stark angeregt, dass sich der Verlandungsprozess weiter beschleunigt.

Das Hügelland um die Maliq-Ebene war sehr lange Zeit durch den Obstbau geprägt. Die Gegend um Korca war als eine der obstreichsten Gegenden Albaniens bekannt. Heute sind die Obstbäume bis auf ganz wenige Ausnahmen verschwunden und die Terrassen, die für deren Kultivierung an fast allen Hängen der Region angelegt worden waren, sind von Erosion bedroht. Der Niedergang des Obstbaus begann erst zu Beginn der 1990er Jahre mit dem Zerfall des Kommunistischen Regimes.

Bis etwa 1990 hatten staatliche Landwirtschaftsbetriebe, die aus der Zwangskollektivierung hervorgegangen waren, die ausgedehnten Plantagen bewirtschaftet. Aber in einer Phase der Gesetzlosigkeit in den 1990er Jahren nutzten viele Albaner die Obstplantagen zur Gewinnung von Feuerholz. Inzwischen gibt es auf den terrassierten Hügeln am Rande der Maliq-Ebene so gut wie keinen Obstbaum mehr und der uninformierte Betrachter fragt sich, für welchen Zweck die Terrassen einst angelegt wurden.

Der albanische Teil des kleinen Prespa-Sees ist durch den massiven Sedimenteintrag aus dem Devolli fast verlandet.

Mit diesem Wehr an der Ujku-Schlucht wurde der Wasserfluss zwischen Kleinem Prespa-See und Devolli gesteuert.

Bilder: G. Schwaderer

Der Niedergang der albanischen Wälder

Die Geschichte des Niedergangs der Wälder in Albanien ist insbesondere im Zusammenhang mit zwei historischen Ereignissen zu sehen. Der Bruch Albaniens mit China Mitte der 1970er Jahre führte Albanien nicht nur vollends in die politische, sondern auch in die wirtschaftliche Isolation. Eine Folge war, dass Albanien seinen gesamten Energie- und Lebensmittelbedarf selbst decken musste. Große Waldflächen wurden zur Gewinnung von Bau- und Brennholz gerodet. Anstelle der Wälder legte man auf diesen Flächen dann Weinberge, Obstplantagen und Äcker an, um die Lebensmittelversorgung zu sichern. Die zweite Zerstörungswelle der Wälder setzte nach dem Zusammenbruch des kommunistischen Regimes in Albanien Anfang der 1990er Jahre ein. In dieser Phase nutzten organisierte Banden die Schwäche der Verwaltung und Polizei, um in großem Stil illegal Holz einzuschlagen und zu verkaufen. Seinen Höhepunkt erreichte dieser großflächige Holzdiebstahl während der Aufstände im März 1997, die infolge des sogenannten Pyramiden-Skandals ausbrachen. Es gibt Berichte, dass organisierte und bewaffnete Banden in dieser Zeit alleine aus dem Gebiet des heutigen Prespa-Nationalparks pro Tag rund 1.000 Kubikmeter hochwertiges Bau- und Brennholz abtransportierten. Dies bewerkstelligten sie mit kleinen Lastwagen, die pro Fahrt rund 10 Festmeter Holz laden konnten. Augenzeugen zählten im März 1997 pro Tag 100 solcher Holztransporte. Diese massiven Eingriffe dezimierten die wenigen Hochwälder im albanischen Prespa-Nationalpark dramatisch. Leider handelte es sich aber nicht nur um eine singuläre regionale Erscheinung, sondern um ein Phänomen, dem sehr viele der einst so eindrucksvollen Wälder Albaniens zum Opfer fielen.

Bild: G. Schwaderer

Auch im Umfeld des Shebenik-Jablanica-Nationalparks sind die Wälder großflächig gerodet worden.

Der albanische Pyramiden-Skandal

Vor allem im Jahr 1996 boten unseriöse albanische Investmentfirmen und –banken der in Geldgeschäften völlig unerfahrenen Bevölkerung sehr hohe Zinssätze an. Diese Angebote basierten auf sogenannten Pyramidensystemen. Die hohen Zinssätze von 20 bis sogar 50 % liessen sich nur bezahlen, da neu eingezahltes Geld früheren Einzahlern als Zinserlös ausgeschüttet wurde. Die Basis an Einzahlern muss bei diesen betrügerischen Systemen also immer breiter werden. Daher kommt auch der Name. Obwohl viele internationale Organisationen vor diesen Geschäften warnten, verschuldeten sich nicht wenige Albaner in der Hoffnung, damit in möglichst kurzer Zeit der Armut zu entfliehen. Aber bereits im Frühjahr 1997 brachen die zwei wichtigsten Investmentbanken zusammen; sie konnten weder die versprochenen Zinsen auszahlen noch die angelegten Beträge zurückerstatten. Die Anleger standen vor dem Nichts. In dieser Phase bewegte sich Albanien in Richtung Chaos und Anarchie. Auch die Regierung des konservativen Politikers Berisha kam unter Druck und im Juni 1997 führten Neuwahlen zu einem Regierungswechsel.

Die ländliche Bevölkerung deckt ihren Brennholzbedarf meist in stark genutzten Niederwäldern.

Bild: G. Schwaderer

Und der Raubbau an den Wäldern Albaniens geht weiter, wenn auch nicht mehr in krimineller Form, sondern der großen Armut der Bevölkerung geschuldet. So wie dies in früheren Jahrhunderten in Mitteleuropa der Fall war, dienen in vielen Regionen Albaniens die Blätter und Triebe von Bäumen noch immer als wichtiges Viehfutter. Vor allem werden die jungen Triebe der Eichen-Niederwälder geschnitten und es ist wichtig, dass dies erst im Spätsommer oder frühen Herbst geschieht. Die Blätter und Triebe enthalten dann weniger Tannine, die vom Vieh gemieden werden. Nach dem Schnitt legt man die Triebe kreisförmig auf dem Boden aus, und zwar immer mit den Triebspitzen nach innen. Auf diese Weise können sie in bis zu vier Meter hohen Lagern aufgeschichtet werden. Im Winter werden diese Lager dann bei hoher Schneelage abgetragen und das Vieh mit dem Laubheu gefüttert. Die so genannte Schneitelwirtschaft wird aber auch in Wäldern mit höheren Bäumen angewendet. Dadurch entsteht ein charakteristisches, in Mitteleuropa heute nicht mehr bekanntes Waldbild. Für die Fütterung einer Ziege über die Wintermonate werden rund 200 Kilogramm Zweige und Blätter benötigt. Mehr als 500 Quadratmeter Nieder- und Buschwald sind erforderlich, um diese Menge an Blättern und Zweigen ernten zu können!

Die Schneitelwirtschaft prägt in Albanien viele Waldbilder.

Das Laubheu wird für den Winter gelagert.

Bilder: G. Schwaderer

Die stark degradierten Busch- und Niederwälder werden außerdem als wichtige Quelle für Feuerholz genutzt. Dabei schlägt man die Zweige, die schon verholzt sind und einen Durchmesser von mindestens fünf Zentimetern aufweisen, meist mit dem Beil ab. Dann bringt man sie auf eine einheitliche Länge von etwa 50 bis 60 Zentimetern, bindet sie in größeren Packen zusammen und transportiert sie mit Eseln und Maultieren in die Siedlungen.

Zusätzlich zu alledem findet in den Busch- und Niederwäldern noch Beweidung mit Rindern, Schafen und vor allem Ziegen statt. So können sich die Gehölze überhaupt nicht mehr regenerieren; die natürliche Verjüngung dieser Bereiche wird durch den Viehverbiss praktisch ausgeschlossen. Auch die Krautschicht wird vollständig übernutzt, und durch den Viehtritt wird außerdem noch die Grasnarbe geschädigt. Vor allem auf steilen Lagen führt die Kombination von Schneitelwirtschaft, Feuerholzgewinnung und Beweidung innerhalb weniger Jahre zu ernsthafter Erosion. Vielerorts haben sich so regelrechte Erosionslandschaften ausgebildet, die für den Menschen praktisch nicht mehr nutzbar sind.

Bild: G. Schwaderer

Anzeichen von Überweidung am Rand des Prespa-Nationalparks am Zvesde-Paß.

Es ist sehr schwierig, verlässliche Zahlen zu den Viehbeständen zu erhalten. Diesbezüglich mit am Besten untersucht ist das Gebiet des Prespa-Nationalparks. Allerdings gibt es kaum belastbare Aussagen darüber, wie viele Herden aus den außerhalb des Nationalparks gelegenen Gemeinden in das Schutzgebiet zum Weiden kommen. Grundsätzlich ist aber davon auszugehen, dass für die Überweidungseffekte im Nationalpark vor allem die Viehbestände der Nationalparkgemeinden selbst verantwortlich sind. Alleine im Prespa-Nationalpark - das Gebiet des Kleinen Prespa-Sees ausgenommen - werden nach den aktuellsten verfügbaren Zahlen aus dem Jahr 2004 derzeit immer noch rund 3.200 Ziegen und etwa 2.500 Schafe sowie 2.500 Rinder gehalten. Immerhin ist vor allem der Ziegenbestand in den letzten Jahren deutlich zurückgegangen und dieser Trend hält weiter an. 1999 waren es noch fast 7.000 Ziegen. Aber es werden auch weniger Schafe gehalten, denn im Jahr 1999 waren es noch rund 5.700 Schafe. Lediglich der Rinderbestand hat sich leicht positiv entwickelt, denn 1999 gab es im Prespa-Gebiet nur etwas mehr als 2.000 Rinder.

Bild: G. Schwaderer

Schneitelwirtschaft, Brennholzgewinnung und Beweidung führen zu Übernutzung und Erosion.

Der Rückgang des Viehbestands gibt Anlass zur Hoffnung auf eine mögliche Regeneration selbst schon sehr stark degradierter Flächen. Erste Versuchsflächen zeigen jedenfalls, dass es noch ein großes natürliches Regenerationspotenzial gibt. Ebenfalls entlastend auf die übernutzte Landschaft wirkt sich aus, dass die früher aus der Maliq-Ebene in den Prespa-Nationalpark getriebenen Viehherden viel kleiner und vor allem weniger geworden sind und inzwischen fast nur noch die Herden aus der Prespa-Region im Nationalpark weiden.

Ein Großteil der ländlichen Bevölkerung in Albanien ist sehr arm und es fehlen selbst einfache Hilfsmittel für die Arbeit in der Landwirtschaft.

Bild: G. Schwaderer

Der Grund für die Abnahme des Nutzviehbestands im ganzen Land - und eben auch in der Prespa-Region - in den letzten Jahren ist die Abwanderung vieler Menschen aus den ländlichen Regionen in die Städte oder nach Griechenland, wo sie als Saisonarbeitskräfte tätig sind.

Tourismus intensiv

Die touristische Nutzung der Region ist vor allem im mazedonischen Bereich des Ohrid-Sees sehr intensiv. Schon im ehemaligen Jugoslawien galt der Ohrid-See als eines der wichtigsten Urlaubsgebiete und bis Ende der 1980er Jahre verbrachten auch viele Deutsche und Holländer dort ihren Urlaub. Deutlicher Ausdruck der touristischen Bedeutung von Ohrid für Mazedonien ist die Tatsache, dass es hier neben Skopje den zweitgrößten Flughafen des Landes gibt. Inzwischen finden sich wieder mehr und mehr Mitteleuropäer in Ohrid ein, jedoch ohne dass die Zahlen der 1980er Jahre erreicht worden wären. Für die Mazedonen selbst ist der Ohrid-See nach wie vor die wichtigste Urlaubsregion. Im Hochsommer ist die Ebene um Skopje fast unerträglich heiß und stickig. Alle, die es sich leisten können, verlassen dann die Hauptstadt entweder in Richtung Gebirge oder in Richtung Ohrid. Der See liegt immerhin fast 700 Meter über dem Meeresspiegel, und zumindest die Nächte sind hier im Gegensatz zu Skopje erfrischend. Es ist nicht übertrieben, den Ohrid-See als die Badewanne Mazedoniens zu bezeichnen.

Das gesamte Nordufer ist durch die städtische Entwicklung von Ohrid und Struga dominiert und die Naturgebiete wurden hier in den letzten Jahren immer mehr zurückgedrängt. Heute säumt in weiten Teilen ein Hotel neben dem anderen das Ufer. Auch das Ostufer des Sees wird intensiv touristisch genutzt. Auf der kleinen Uferstraße zwischen Ohrid und Sveti Naum herrscht im Sommer häufig das reine Verkehrschaos. Zwar reicht der Galicica-Nationalpark hier bis an die Uferlinie des Sees, aber der Druck auf die kleinen Dörfer ist sehr groß. Viele Befürworter einer weiteren touristischen Erschließung fordern, dass der Nationalpark verkleinert werden solle, damit der Uferbereich ohne Einschränkungen bebaut werden kann.

Bild: G. Schwaderer

Das Nordufer des Ohrid-Sees ist geprägt durch Hotels und Badestrände.

Das albanische Ufer des Ohrid-Sees ist noch weniger stark verbaut, obwohl die Stadt Pogradec schnell wächst. Am Südufer des Ohrid-Sees, zwischen Pogradec und der Grenze zu Mazedonien, findet man zudem die attraktivsten Strände am albanischen Ufer, und viele erholungsuchende Albaner verbringen hier regelmäßig einige Tage im Hochsommer. Sehr negativ fallen die Unmengen an Plastikmüll auf, die alle Straßen und auch das Ufer säumen. Es bleibt sehr zu hoffen, dass die Bevölkerung bald ein höheres Bewusstsein für Natur und Umwelt entwickelt, damit solche Missstände aufhören.

Die Vermüllung der Landschaft ist in der ganzen Region ein Problem. Ganz besonders negativ ist die Situation in Albanien - hier der Strand des Ohrid-Sees bei Pogradec.

Bild: G. Schwaderer

Wegen der sehr viel ländlicheren Prägung der Region am Großen Prespa-See sind dort die Chancen für den Aufbau eines nachhaltigen Tourismus wesentlich günstiger. Am weitesten entwickelt ist der Bade- und Strand-tourismus im Nordosten des Großen Prespa-Sees in der Ortschaft Pretor. Die größte Ortschaft der ganzen Prespa-Region ist die hübsche Kleinstadt Resen in Mazedonien, die früher auch als Prespa bezeichnet wurde. Sie hat rund 10.000 Einwohner und liegt etwa 10 Kilometer (Luftlinie) vom Seeufer entfernt. In der Ortschaft Brajcino - östlich des Großen Prespa-Sees - haben sich die Bewohner bereits Anfang der 1990er Jahre zusam-mengeschlossen und gemeinsam an der Umsetzung eines alternativen Tourismuskonzepts gearbeitet. Es gibt dort keine großen Hotels, sondern überwiegend kleine Familienpensionen in entsprechend umgebauten und renovierten Privathäusern.

Auch auf der albanischen Seite des Großen Prespa-Sees hat vor einigen Jahren eine langsame Entwicklung des Binnen-Tourismus begonnen. In Gorice e Vogel, Zaroshka und Gollomboc bieten kleine Familienhotels Unterkunft und Verpflegung. Ebenso stehen in einigen Dörfern am alba-nischen Ufer des Prespa-Sees Privatunterkünfte zur Verfügung.

Zu beachten ist, dass wir in diesem Reiseführer die albanischen Ortsnamen verwenden. Da hier, am Westufer des Großen Prespa-Sees,
aber überwiegend ethnische Mazedonen leben, hatten diese Ortschaften ursprünglich mazedonische Namen. Inzwischen ist ein Ge-
setzentwurf in Vorbereitung, der vorsieht, dass die Ortschaften im
albanischen Teil des Prespa-Gebiets wieder ihre ursprünglichen mazedonischen Namen tragen dürfen. Die Ortsbezeichnungen könnten
sich also in nächster Zeit ändern und somit bald auf neueren Karten
und Straßenschildern auftauchen.

Verantwortung für die Naturschätze in der Prespa-Ohrid-Region

Die drei Staaten Albanien, Griechenland und Mazedonien haben zahlreiche internationale Konventionen unterschrieben, mit denen sie sich zum
Schutz der wertvollen Naturschätze in der Region verpflichten. Obwohl
alle drei Länder Mitgliedsstaaten der Ramsar-Konvention sind, ist bisher
nur der griechische und mazedonische Flächenanteil der beiden Prespa-
Seen als Ramsar-Gebiet gemeldet worden. In Albanien gibt es zwar schon
seit längerer Zeit Bemühungen in diese Richtung, aber die endgültige
Anmeldung bei der Ramsar-Konvention wird schon seit Jahren von den
bürokratischen Mühlen verschleppt. Unter Fachleuten gibt jedoch es keinen Zweifel darüber, dass diese wertvollen Flächen in Albanien als Ram-
sar-Gebiete angemeldet und geschützt werden müssen.

Bild: G. Schwaderer

Der Große Prespa-See ist buchtenreich und von Bergen umgeben - hier der
Blick von Mali Grad auf Golem Grad.

Auch die Berner Konvention zum Schutz wildlebender Tierarten, die Bonner Konvention zum Schutz wandernder Tierarten und das Internationale Übereinkommen zum Schutz der Biologischen Vielfalt verpflichten die drei Staaten zu umfassenden Schutzmaßnahmen. Formal haben alle drei Länder große Anstrengungen unternommen und die Tatsache, dass in Albanien und Griechenland das gesamte Prespa-Einzugsgebiet jeweils als Nationalpark geschützt ist und in Mazedonien ebenfalls große Teile der Prespa-Region unter Schutz stehen, zeigt, welch positive Ansätze es tatsächlich gibt. Trotzdem besteht immer noch eine große Lücke zwischen Anspruch und Wirklichkeit.

Naturschutzgebiet Ezerani

Ezerani ist mit rund 2.800 Hektar das kleinste Schutzgebiet am Großen Prespa-See. Es wurde bereits 1995 als strenges Schutzgebiet entsprechend der IUCN-Kategorie I ausgewiesen. Die vorbereitenden Arbeiten hierfür gingen auf Bemühungen der international tätigen Naturschutzstiftung EuroNatur zurück, die dort Mitte der 1990er Jahre mit finanzieller Unterstützung des deutschen Bundesumweltministeriums aktiv wurde. Das Schutzgebiet Ezerani liegt am Nordufer des Großen Prespa-Sees in Mazedonien und umfasst den seeseitigen Teil der Niederung, in der sich die Kreisstadt Resen befindet. Diese Ebene wurde durch die Hauptzuflüsse des Großen Prespa-Sees aufgeschüttet; sie ist die größte im gesamten Seebecken. Das Schutzgebiet zeichnet sich durch ein zehn Kilometer langes und in weiten Abschnitten noch natürliches Ufer mit Strandwällen aus. Hier erstreckt sich die größte Flachwasserzone am Großen Prespa-See mit landseitig ausgedehnten Röhrichtflächen. Das ehemals aquatische Schilf ist inzwischen weitgehend trocken gefallen. Dennoch sind diese Feuchtflächen - nach denen am Kleinen Prespa-See in Griechenland - die wichtigsten in der gesamten Prespa-Ohrid-Region. Ezerani zählt zu den bedeutendsten Gebieten für durchziehende Zugvögel wie auch für überwinternde Wasservögel auf dem Balkan. Seine Feuchtflächen wurden zusammen mit einem Teil des mazedonischen Bereichs des Großen Prespa-Sees als Ramsar-Gebiet gemeldet. Es gibt im Ezerani-Schutzgebiet zwar zwei kleine Beobachtungsplattformen und eine kleine Ausstellung, die mit Mitteln der norwegischen Botschaft errichtet wurden, aber in der Landschaft haben sich in den letzten zehn Jahren gravierende Missstände entwickelt.

Das flache Nordufer des Großen Prespa-Sees fällt durch den Wasserspiegelrückgang trocken. Das Ezerani-Schutzgebiet verliert dadurch einen Teil seiner Bedeutung für Wasservögel. Aber immer noch rasten Krauskopf-Pelikane am Ufer. Die Beobachtungstürme sind inzwischen jedoch sehr weit vom Ufer entfernt.

Bilder: G. Schwaderer

Ob Moorenten heute noch im Ezerani-Schutzgebiet brüten, ist nicht bekannt. Früher hatten sie die nördlich des Ufers gelegenen Teiche eines rund 160 Hektar umfassenden Fischteichguts genutzt, das jedoch schon vor über fünfzehn Jahren aufgegeben wurde. Ein Vorschlag von Euro-Natur, die einstigen Fischteiche als biologische Klärstufe für die Nachklärung der Abwässer der Kläranlage von Resen zu nutzen, wurde leider nicht realisiert. Mit dieser Maßnahme wäre nicht nur eine kostengünstige Lösung für das Abwasserproblem, sondern gleichzeitig eine stets ausreichende Wasserversorgung des Teichguts und somit auch die Wiederherstellung des Moorenten-Lebensraums ermöglicht worden. Eine weitere Zielsetzung im Rahmen des Projektes war gewesen, das Teichgebiet auch als Brutplatz für Pelikane zu entwickeln. Inzwischen sind die Fischteiche jedoch trocken gefallen und die Situation für die Wasservögel hat sich deutlich verschlechtert. Westlich der früheren Fischteiche gibt es noch einen kleinen Erlenbruchwald, der für die Region eine Besonderheit ist, aber an Ausdehnung in den letzten Jahren deutlich eingebüßt hat.

Die Moorente ist weltweit vom Aussterben bedroht.

Bild: M. Schneider-Jacoby

Insgesamt setzten in Ezerani seit der Unterschutzstellung einige negative Entwicklungen ein, die den Naturschutzwert der ehemals sehr wertvollen Flächen stark beeinträchtigten. Dazu hat unter anderem der deutliche Rückgang des Wasserspiegels und das damit einhergehende Trockenfallen großer Schilfgebiete beigetragen. Die lokale Bevölkerung nutzt die sandigen Uferbereiche und alten Strandwälle vollkommen unreguliert und in großem Stil zum Sandabbau. Im Sommer herrscht zudem ein reger Bootsverkehr, der zu gravierenden Störungen der Wasservögel führt. Es gibt sogar Berichte, dass Fischer gezielt Jagd auf Pelikane machen. Die Autoren können solche Beobachtungen selbst aber nicht bestätigen. Bei ihren Besuchen im Gebiet ließen sich die Pelikane auch bei der Annäherung von Fischerbooten nicht aus der Ruhe bringen, was eher dafür spricht, dass sie von den Fischern in Ruhe gelassen werden.

Bild: G. Schwaderer

Sandabbau in Ezerani

Direkt nach der Unterschutzstellung von Ezerani hatte das mazedonische Umweltministerium eine kleine private Naturschutzgesellschaft auf deren Vorschlag hin mit dem Management des Strict Nature Reserve beauftragt.

In der Folge entwickelte sich jedoch ein heftiger Streit zwischen dem Ministerium und den privaten Naturschützern, da die NGO berechtigterweise eine finanzielle Entschädigung für die Betreuung des Gebiets verlangte, das Ministerium aber nicht darauf einging. Dieser Streit wirkte sich nachteilig auf die Schutzsituation aus.

EuroNatur hat sich daraufhin mehrfach darum bemüht, das Umweltministerium dazu zu bewegen, an der verfahrenen Situation in Ezerani etwas zu ändern und den Schutz der Natur tatsächlich zu verbessern. Bisher stießen alle diese Vorstöße auf taube Ohren. Dabei wäre es dringend notwendig, die Schutzvorschriften in Ezerani strikt durchzusetzen, denn hier geht es um die Erhaltung der größten Flachwasserzone und der trotz der Schrumpfung immer noch wichtigsten Schilfbestände am gesamten Großen Prespa-See. Ezerani könnte so - neben den Feuchtgebieten am Kleinen Prespa-See - zum bedeutendsten Brutvogelgebiet der Region werden.

Derzeit wird ein Gutachten hinsichtlich der weiteren Entwicklung in Ezerani erarbeitet. Die Ergebnisse sind noch nicht bekannt, aber es deutet einiges darauf hin, dass die von EuroNatur bereits vor mehr als zehn Jahren gemachten Vorschläge nun doch aufgegriffen und in diesem Zuge auch die Fischteiche wieder vernässt werden.

Galicica-Nationalpark

Der Galicica-Nationalpark besteht bereits seit 1958 und schützt die eindrucksvolle Landschaft zwischen dem Ohrid-See und dem Großen Prespa-See in Mazedonien auf einer Fläche von rund 22.150 Hektar. Das Gebiet ist durch viele tiefe Täler sowie durch Karst- und Glazialformen charakterisiert. Das größte Karstfeld ist das Suvo Polje, das sich auf einer Höhe von ungefähr 1.400 Metern über dem Meeresspiegel über eine Fläche von mehr als 400 Hektar erstreckt. In den Tälern fließen aufgrund der Verkarstung keine permanenten Gewässer, sondern das Oberflächenwasser versickert in zahlreichen Schlucklöchern und tritt dann an anderer Stelle wieder aus.

In den höheren Lagen ist der Galicica-Gebirgszug geprägt von subalpinen und alpinen Wiesen und Weiden, während in den tieferen Lagen Eichen- und Buchenwälder vorherrschen. Im Westen reicht der Park von der Stadtgrenze Ohrids entlang des Ostufers des Ohrid-Sees bis an die Staatsgrenze zu Albanien. Im Osten wird der Galicica-Nationalpark begrenzt durch den Großen Prespa-See.

Bild: G. Schwaderer

Blick von Galicica auf Sveti Naum und den Ohrid-See.

Der Galicica-Nationalpark ist besonders geprägt durch seine botanische Vielfalt. Herausragend ist die Vielzahl an Endemiten. Es gibt hier alleine 12 Lokalendemiten, also Arten, die bisher nur hier nachgewiesen wurden.

Aber auch die Vielfalt an wirbellosen Tierarten ist unvorstellbar groß. So konnten zum Beispiel im Gebiet des Nationalparks über 1.600 Schmetterlingsarten (Lepidoptera) nachgewiesen werden. Zudem wurden bisher 26 endemische Wirbeltierarten festgestellt. Am besten untersucht sind die Wirbeltiere. Im Galicica-Nationalpark wurden insgesamt 171 Arten nachgewiesen, darunter 10 Amphibien-, 18 Reptilien-, 124 Vogel- und 19 Säugetierarten.

Nach Angaben der Nationalparkverwaltung leben im Schutzgebiet rund 60 Braunbären. Da aber bisher kein fundiertes Monitoring stattfindet, ist diese Information mit Vorsicht zu bewerten, zumal in vergleichbaren Lebensräumen eine Bärendichte von einem Tier pro zehn Quadratkilometer bereits als hoch gilt. Insofern erscheint die Bestandsangabe deutlich überhöht. Unstreitig ist jedoch, dass Braunbären im Galicica-Nationalpark noch häufig sind und gewiss in großer Zahl vorkommen.

Das Wappentier des Nationalparks ist der Balkanluchs (Lynx lynx martinoi), der in der Zeit der Gründung des Schutzgebiets vermutlich noch häufig im Galicica-Gebirge vorkam. In den letzten Jahren gelang allerdings kein sicherer Nachweis von Luchsen im Gebiet und es fehlte auch an einem entsprechenden professionellen und flächendeckenden Monitoring. Das soll sich jetzt aber ändern, damit mehr Informationen über das Vorkommen von Luchsen, aber auch von Bären und Wölfen gewonnen werden. Sollte der Balkanluchs im Galicica-Nationalpark noch überlebt haben, dann ist davon auszugehen, dass dieses Vorkommen sehr stark von den anderen Luchsgebieten isoliert ist. Um so wichtiger ist daher der Schutz angrenzender Landschaften, die als ökologische Korridore wirken können. Im Falle des Galicica-Nationalparks sind das vor allem die im Norden gelegenen Höhenzüge Ilinska und Plakenska.

Bild: G. Schwaderer

Der Balkan-Luchs als Skulptur am Eingang zum Nationalpark.

Es gibt derzeit noch keinen Managementplan für den Galicica-Nationalpark, nur eine Zonierungskonzeption aus den 1980er Jahren. Nach dieser sind rund 1.000 Hektar als Kernzone ausgewiesen. Hierzu zählen die Quellen des Drins bei Sveti Naum, die Insel Golem Grad im Großen Prespa-See, einige Steilküstenabschnitte am Ohrid- und am Großen Prespa-See sowie die Bergwiesen um den Magaro, den mit 2.255 Metern höchsten Gipfel im Galicica-Nationalpark. Die Tourismus-Zone ist mit etwa 2.500 Hektar Fläche wesentlich größer; sie umfasst die Uferbereiche am Ohrid-See für den Sommertourismus und die Skigebiete in den Höhenlagen für den Wintertourismus. Am größten ist die sogenannte Wirtschaftszone mit rund 19.000 Hektar, die somit rund 85 % der gesamten Parkfläche einnimmt. Zu dieser Zone gehören die genutzten Waldflächen sowie die Wiesen und Weiden.

Bild: G. Schwaderer

Blick aus dem Galicia-Gebirge auf den Ohrid-See.

Alle mazedonischen Nationalparke mussten und müssen sich immer noch selbst finanzieren. Der Galicica-Nationalpark verfügte im Jahr 2007 über ein Budget von etwa 250.000 Euro. Diesen Betrag erwirtschaftete die National-parkverwaltung unter anderem über Konzessionen für Holzeinschlag. Der Verkauf von etwa 7.000 Festmetern Holz pro Jahr trägt zu fast 80 % zum Budget des Nationalparks bei. Die restlichen Einnahmen werden über die Verpachtung eines Restaurants in Sveti Naum und sonstige touristische Dienstleistungen erzielt. Und in diesem Bereich gibt es noch Optimie-rungspotenzial. Alleine die Bewirtschaftung der Parkplätze in Sveti Naum bringt bei den jährlich rund 250.000 Besuchern einen Gewinn in Höhe von etwa 25.000 Euro, der derzeit allerdings noch in private Taschen fließt. Ein von der deutschen Kreditanstalt für Wiederaufbau (KfW) in den Jahren 2008 und 2009 finanziertes Projekt soll u.a. dazu beitragen, dass der Nationalpark künftig keine Naturressourcen mehr verkaufen muss, um den Betrieb der Verwaltung aufrechterhalten zu können. Projektziel ist die Stärkung des Galicica-Nationalparks. Ein Managementplan soll entwickelt und die Parkverwaltung besser mit technischen Hilfsmitteln ausgestattet werden. Problematisch ist, dass die Vorgaben des Manage-mentplans nur dann rechtliche Verbindlichkeit erlangen, wenn sie auch in den regionalen Raumplan Eingang finden. In Mazedonien soll neben einem existierenden nationalen Raumplan, der den groben Rahmen vor-gibt, für jede Region zusätzlich ein detaillierter Raumplan entwickelt werden. Der erste dieser regionalen Raumpläne wird nun für die ma-zedonische Prespa-Region erstellt. Da diese Pläne nur alle 15 Jahre neu aufgelegt werden, besteht für die Erstellung des Managementplans für den Galicica-Nationalpark ein erheblicher Zeitdruck. Andererseits ist es das Ziel der Nationalparkverwaltung, die 13 Dörfer im Schutzgebiet mit ihren Einwohnern in die Entwicklung des Managementplans zu integrie-ren. Und das ist ein zeitintensiver Prozess.

Prespa-Nationalpark Albanien

Bild: G. Schwaderer

Die Insel Mali Grad ist unbewohnt und zählt zur Kernzone des Prespa-Nationalparks.

Mit dem im Jahr 1999 ausgewiesenen albanischen Prespa-Nationalpark steht das gesamte albanische Einzugsgebiet des Großen Prespa-Sees unter Schutz. Der Nationalpark mit einer Fläche von rund 27.750 Hektar reicht im Norden und Nordwesten bis zur mazedonischen Grenze. Im Osten wird er von der albanischen Staatsgrenze zu Griechenland und im Westen von der Wasserscheide des Prespa-Einzugsgebiets begrenzt. Im Süden reicht der Prespa-Nationalpark bis an die griechische Grenze und schließt damit auch an den griechischen Prespa-Nationalpark an. Der albanische Prespa-Nationalpark hat somit eine wichtige Verbindungsfunktion zwischen dem griechischen Prespa-Nationalpark im Süden und dem mazedonischen Ga-licica-Nationalpark im Norden. Der Prespa-Nationalpark erstreckt sich vom Niveau des Wasserspiegels des Großen Prespa-Sees auf rund 845 Metern über dem Meeresspiegel bis zu den Gipfeln des Gebirges Mali e Thate auf 2.288 Meter Höhe.

Der Anteil der Wasserfläche am Nationalpark liegt bei rund 5.000 Hektar und umfasst den gesamten Anteil des Kleinen und Großen Prespa-Sees in Albanien. Bislang gibt es keine aktuellen und wirklich belastbaren Daten zur Landnutzung im Prespa-Nationalpark. Die Forstverwaltung in Korca gibt an, dass rund die Hälfte der Fläche des Nationalparks Wald ist.

Das entspricht einer Fläche von rund 13.500 Hektar. Der Wald ist entsprechend der Höhenstufen von verschiedenen Baumarten geprägt. In den Höhenlagen zwischen 1.300 und 1.900 Metern über dem Meeresspiegel dominiert die Buche. Es gibt im Prespa-Nationalpark aber nur noch 1.500 Hektar Buchenwald und davon können auch nur rund 500 Hektar als Hochwald bezeichnet werden. Die Buchen-Niederwälder wurden inzwischen kaum mehr genutzt und haben das Potenzial, sich wieder zu natürlichen Wäldern zu entwickeln.

Bild: G. Schwaderer

Bei Nutzungsverzicht regenerieren sich die Eichen-Buschwälder schnell. Klima, Pflanzen, Tiere und Menschen profitieren davon.

Auf rund 9.000 Hektar wachsen mehr oder weniger stark degradierte Eichenwälder. Vor allem die Wälder nahe den Siedlungen und beiderseits der Straße, die den Prespa-Nationalpark von Nord nach Süd durchzieht, sind stark bis sehr stark geschädigt. In erster Linie handelt es sich dabei um Eichen-Buschwälder, die in einigen Bereichen fortgeschrittene Erosionserscheinungen aufweisen. Aber auf einer Fläche von mehr als 3.500 Hektar - besonders an den Osthängen des Mali e Thate in der Höhenstufe zwischen 1.000 und 1.300 Metern über dem Meeresspiegel - regenerieren sich die Eichenwälder inzwischen wieder. Seitdem diese vor allem in den Jahren

1980 bis 2000 als Niederwälder genutzten Flächen nach der Ausweisung des Nationalparks zumindest teilweise aus der Nutzung genommen wurden, entwickeln sie sich sehr positiv. Auch im Süden des Prespa-Nationalparks ist die Regeneration von Eichen-Buschwäldern auf einer Fläche von rund 3.500 Hektar festzustellen. Ganz besonders stark geschädigt sind rund 2.500 Hektar Fläche in der Umgebung von Gollomboc, aber auch westlich von Shuec am Kleinen Prespa-See. Dort wachsen in mehreren kleineren Gebieten auf insgesamt rund 2.000 Hektar Fläche fast nur noch Buchs und Wacholder. Hier sind die Überweidungseffekte am gravierendsten und von Wäldern kann man schon nicht mehr sprechen. Es ist sogar davon auszugehen, dass zumindest auf einem Teil dieser Flächen das natürliche Regenerationspotential bereits verloren gegangen ist. Insgesamt können anhand der Kriterien der Baumhöhe und der Stammanzahl nur noch rund 4.500 Hektar Fläche im Prespa-Nationalpark wirklich als Wald bezeichnet werden. Bei Gorica gibt es in der Höhe von etwa 1.800 Metern über dem Meeresspiegel einen Kiefernwald von etwa 70 Hektar, der aber angepflanzt wurde. Bei etwa 1.900 Metern verläuft im Prespa-Nationalpark die Waldgrenze. Oberhalb davon prägen alpine Wiesen und Weiden, Zwergstrauch-Gesellschaften und Felsenformationen die Landschaft. Diese Flächen sind bisher nur sporadisch untersucht, aber es ist davon auszugehen, dass sich die Flora und Fauna nur unwesentlich von derjenigen im Galicica-Nationalpark in Mazedonien unterscheidet, die sich durch eine große Vielfalt und eine hohe Anzahl von Endemiten auszeichnet.

Bild: G. Schwaderer

Im Prespa-Nationalpark sind große Flächen durch Übernutzung degeneriert.

Der Anteil der Wasserflächen im Nationalpark liegt bei rund 5.000 Hektar. Eine ähnlich große Fläche wird für Siedlungen, Straßen und andere nicht-produktive Bereiche angegeben. Insgesamt leben im albanischen Prespa-Nationalpark rund 5.000 Menschen in zwölf kleinen Siedlungen. Sie befinden sich fast alle in der Nähe des Sees und daher sind die seenahen Flächen überwiegend landwirtschaftlich geprägt. Hier wird auf etwa 2.100 Hektar Fläche Getreide und Gemüse, aber auch Obst und Wein angebaut. Die Felder sind klein strukturiert und die Bewirtschaftung ist eher extensiv. Im Prespa-Nationalpark leben aber nicht nur rund 5.000 Menschen, sondern rund doppelt so viele Rinder, Schafe und Ziegen, und diese stellen bei der derzeitigen Nutzungsform ein gravierendes Problem für die Wälder und vor allem für die Regeneration der degenerierten Wälder dar. Denn es gibt derzeit nur rund 1.800 Hektar Weideflächen, die für den großen Viehbestand nicht ausreichen.

Bild: G. Schwaderer

Die Hochflächen im Gebirge Mali e Thate wurden früher insbesondere mit Schafen beweidet. Inzwischen ist diese Bewirtschaftsungsform stark zurück gegangen.

Früher existierte am Prespa-See eine der Almwirtschaft in den Alpen ähnliche Bewirtschaftungsform. Das Vieh blieb in der kalten Jahreszeit an den klimatisch vergleichsweise milden Seeufern und wurde hier mit Heu durch den Winter gebracht. Im Frühjahr wurden zunächst die in Siedlungsnähe wachsenden Wiesen beweidet. Mit voranschreitender Schneeschmelze zogen die Tiere dann immer weiter in die Berge und verweilten längere Zeit auf den alpinen Matten. Dieser Nutzungszyklus findet so schon seit geraumer Zeit nicht mehr statt. Jetzt hält man die Tiere auch im Sommer in den tieferen Lagen. Dadurch treten hier gravierende Übernutzungen auf, während die alpinen Weiden in den Höhenlagen nun aufgrund der natürlichen Sukzession wieder zuwachsen, wodurch ihre botanischen Besonderheiten bedroht sind.

Hinzu kommt, dass zumindest bis Anfang des Jahrtausends viele Viehherden aus weiter entfernten Gebieten in den Prespa-Nationalpark getrieben wurden, weil es anderswo nicht mehr genug Nahrung für das Vieh gab. Dadurch wurden die damals noch vorhandenen Niederwälder vor allem von Ziegen zunehmend verbissen. In der Folge gibt es in den tieferen Lagen des Prespa-Nationalparks inzwischen keine Wälder mehr. Dies hat auch sehr negative Auswirkungen auf die lokale Bevölkerung im Schutzgebiet, die nur mit allergrößter Mühe ihren Brennholzbedarf für den Winter in Siedlungsnähe decken kann.

Inzwischen zeichnen sich aber in drei Bereichen Entwicklungen ab, die Mut machen:

Verringerter Viehbestand. Das Weidevieh im Prespa-Nationalpark nimmt seit einiger Zeit deutlich ab. Die offiziellen Zahlen aus dem Jahr 2004 weisen für das gesamte albanische Prespa-Gebiet nur noch rund 4.000 Ziegen, etwas mehr als 3.500 Schafe und 2.500 Rinder aus. Ende der 1990er waren es dagegen noch rund 8.000 Ziegen, 7.000 Schafe und 2.500 Rinder gewesen. (Vor allem der Rückgang der Ziegen ist bemerkenswert, da sie eines der wichtigsten Hemmnisse für die Regeneration der Wälder darstellen.) Dies ist ein Trend, der nicht nur für den Prespa-Nationalpark, sondern für ganz Albanien typisch ist. Er hängt mit einer voranschreitenden Landflucht zusammen, die in Albanien unter Naturschützern derzeit kontrovers diskutiert wird, da einerseits der Nutzungsdruck in den ländlichen Gebieten zwar abnimmt, aber andererseits die Umweltprobleme in den Städten dramatisch zunehmen.

Nutz- und Schutzzonen. In der Bevölkerung hat ein Prozess des Nach- und Umdenkens stattgefunden. Die zunehmende Degenerierung der Wälder führte dazu, dass die Versorgung des eigenen Viehs immer schwieriger und die Suche nach Brennholz immer aufwändiger wurde. Dies hatte zur Folge, dass Ortsvorsteher und Bevölkerung im Prespa-Nationalpark einem Vorschlag der albanischen Naturschutzorganisation PPNEA und der internationalen Naturschutzstiftung EuroNatur zustimmten, in bestimmten Kernzonen des Nationalparks den Wald strikt zu schützen und im Gegenzug die Nutzung von kommunalen Wäldern für die Beweidung und die Brennholzgewinnung nach einem rotierenden System neu und nachhaltig zu organisieren. Immerhin wurden im Prespa-Nationalpark auf diese Weise bereits im Jahr 2001 rund 2.000 Hektar aus der Nutzung genommen. Die Entwicklung auf den strikt geschützten Flächen ist vielversprechend. Vor allem die Eichen haben sich bereits hervorragend regeneriert, und auf den meisten dieser Flächen konnte ein jährlicher Längenzuwachs von mehr als 50 Zentimetern festgestellt werden. Inzwischen hat schon wieder eine neue Diskussion begonnen, nämlich ob es forstliche Eingriffe geben soll, damit der Wald noch besser wächst. Da es sich aber um Kernzonen eines Nationalparks handelt, sollte man hier die Natur sich selbst überlassen.

Weniger Brennholzbedarf. Der Bedarf an Brennholz im Prespa-Nationalpark nimmt langsam ab. Dies hat vor allem mit dem Bevölkerungsrückgang zu tun, aber auch damit, dass inzwischen in vielen öffentlichen Gebäuden sowie in privaten Haushalten effizientere Öfen verwendet werden. Bereits im Jahr 2003 haben PPNEA und EuroNatur hierzu im Rahmen eines Pilotprojekts zwölf energieeffiziente Öfen in den Nationalparkgemeinden eingesetzt. Ein Vorgehen, das dann in der Folge auch vom Entwicklungsprogramm der Vereinten Nationen unterstützt wurde. Inzwischen sind mehrere 100 solcher Öfen im Einsatz.

Esel mit Brennholz-Ladung

Energieeffizienter Ofen

Trotz aller positiven Entwicklungen ist es aber auch im albanischen Prespa-Nationalpark noch ein weiter Weg, bis die Anforderungen an einen Nationalpark der IUCN-Kategorie II erfüllt werden. Zwar gibt es einen Zonierungsplan, aber allein die Tatsache, dass im Prespa-Nationalpark rund 5.000 Menschen überwiegend von der Land- und Forstwirtschaft leben, macht deutlich, wie stark der Nutzungsdruck noch immer ist.

Rund 7.000 Hektar und damit mehr als 25 % der Gesamtfläche sind als Kernzone des albanischen Prespa-Nationalparks ausgewiesen. Die um die Kernzonen gelegenen Pufferzonen umfassen mehr als 15.000 Hektar und rund 55 % der Fläche. Die Siedlungen befinden sich alle in der Entwicklungszone, die rund 20 % der Gesamtfläche des Prespa-Nationalparks ausmacht.

Zonierungskarte für den Prespa Nationalpark

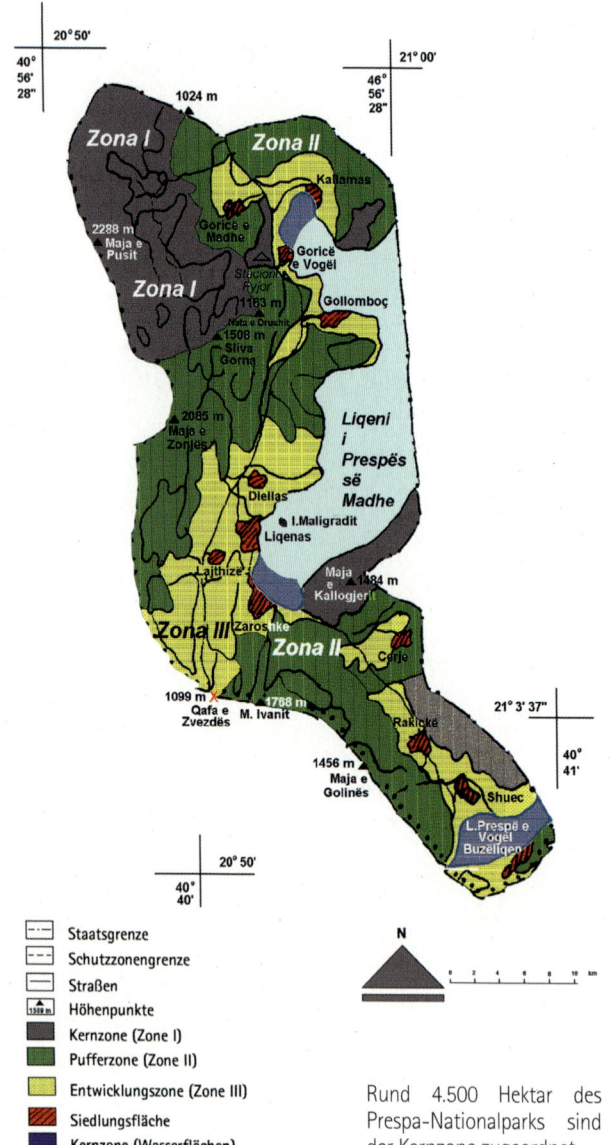

Legende:

- ⊡ Staatsgrenze
- ⊡ Schutzzonengrenze
- ⊡ Straßen
- △ Höhenpunkte
- ■ Kernzone (Zone I)
- ■ Pufferzone (Zone II)
- ■ Entwicklungszone (Zone III)
- ▨ Siedlungsfläche
- ■ Kernzone (Wasserflächen)

Rund 4.500 Hektar des Prespa-Nationalparks sind der Kernzone zugeordnet.

Bei der Vorbereitung der Ausweisung des Prespa-Nationalparks spielte die albanische Naturschutzorganisation PPNEA gemeinsam mit EuroNatur, deren Bemühungen von der Deutschen Gesellschaft für technische Zusammenarbeit unterstützt wurden, eine äußerst wichtige Rolle. Zwar gibt es für den Nationalpark bislang keinen auf der Grundlage internationaler Richtlinien erstellten Managementplan. Aber bereits bei seiner Ausweisung im Jahr 1999 legten PPNEA und EuroNatur Management-Empfehlungen vor, die bis heute das Fundament für die Arbeit der Nationalparkverwaltung darstellen. Die strukturellen Probleme der Verwaltung sind jedoch noch nicht abschließend geklärt, was sich außerordentlich negativ auf deren Handlungsfähigkeit auswirkt. Vor Ort gibt es einen Koordinator für den Nationalpark sowie drei Fach-Experten und acht Ranger. Weil aber die Verwaltung nicht beim Umweltministerium in Tirana, sondern beim Direktor der Forstverwaltung in Korca angebunden ist, kommt es immer wieder zu erheblichen Kompetenzstreitigkeiten. Solche Probleme haben unter anderem dazu geführt, dass die deutsche Kreditanstalt für Wiederaufbau (KfW) einen hohen Betrag zur Förderung des albanischen Prespa-Nationalparks bisher nicht freigab. Dabei hätte der Nationalpark zusätzliche Mittel dringend nötig. Zwar werden von der albanischen Regierung die Gehälter der insgesamt zwölf Beschäftigten der Nationalparkverwaltung mit rund 200 Euro pro Monat und Person bezahlt, aber der Park verfügt nach wie vor über kein operatives Budget. Nicht einmal die Mittel für Fahrzeuge und Kraftstoff stellt das albanische Ministerium. In der Vergangenheit hat EuroNatur deshalb den Aufbau zumindest einer minimalen Infrastruktur finanziert.

Obgleich Albanien bereits im Jahr 1996 die Ramsar-Konvention zum Schutz international bedeutsamer Feuchtgebiete unterzeichnete, hat die Regierung den Prespa-See immer noch nicht bei der Ramsar-Konvention angemeldet. PPNEA und EuroNatur hatten die staatlichen Stellen intensiv bei der Vorbereitung der erforderlichen Nominierungsunterlagen unterstützt und wirken seither im Rahmen ihrer Möglichkeiten weiter auf eine Anmeldung durch das albanische Umweltministerium hin.

Pelister-Nationalpark

Das älteste Schutzgebiet in der Region ist der Pelister-Nationalpark in Mazedonien, der bereits seit 1948 mit einer Fläche von rund 12.500 Hektar besteht. Hier hat der deutsche Botaniker August Grisebach, der als Begründer der Pflanzengeographie gilt, Mitte des 19. Jahrhunderts eine fünfnadelige Kiefernart beschrieben, die in Mazedonien einen sehr wichtigen Verbreitungsschwerpunkt hat: Pinus peuce. Bei der Ausweisung des Pelister-Nationalparks stand der Schutz der als Molika-Kiefer oder Mazedonischen Kiefer bezeichneten Baumart im Vordergrund.

Pelister-Massiv

Bild: G. Schwaderer

Die fünfnadelige Kiefernart Pinus peuce.

Bild: MES

Das Pelister-Massiv ist ein Horst zwischen dem Prespa-Becken im Westen und dem Pelagonischen Becken im Osten, der vor allem aus paläozoischen Gesteinen aufgebaut ist, insbesondere dem Pelister-Granit. Charakteristisch sind die ausgedehnten Geröllhalden, die bis zu drei Kilometer lang sind und auch als Blockströme bezeichnet werden.

Das Pelister-Gebirge war in der letzten Eiszeit vergletschert. Dies zeigen zwei Karseen im Pelister-Nationalpark, der Großer und der Kleine See. Beide (Golemi und Malo Ezero) liegen auf rund 2.200 Meter über dem Meeresspiegel und werden als Augen der Berge bezeichnet.

Wie alle Nationalparke in Mazedonien muss sich der Pelister-Nationalpark über den Verkauf von Naturressourcen selbst finanzieren. Auch hier geschieht das vor allem über Holzeinschlag sowie den Verkauf von Kiefernzapfen für die Lackproduktion.

Ursprünglich war die Fläche des Nationalparks auf den oberen Teil des Pelister-Kegels begrenzt und die Erhaltung der Mazedonischen Kiefer stand im Mittelpunkt der Schutzbemühungen. Im Jahr 2007 beschloss das mazedonische Parlament, die Fläche des Pelister-Nationalparks zu verdoppeln; das Schutzgebiet erstreckt sich nun bis zur griechischen Grenze. In der Landschaft fehlen noch Markierungen der Nationalpark-Grenzen.

Durch die Erweiterung des Nationalparks stehen nun auch weite Teile des Brajcino-Tales unter Schutz und damit die wichtigsten Lebensräume für Braunbären (Ursus arctos) im ganzen Baba-Gebirge. Zwar wird vermutet, dass auch der Balkanluchs hier noch vorkommt; ein wirklich belastbarer Beleg für diese Aussage konnte jedoch bislang nicht erbracht werden. Die wichtigsten Beutetiere für den Balkanluchs, nämlich Rehe (Capreolus capreolus) und Balkangämsen (Rupicapra rupicapra balcanicus), kommen im Pelister-Nationalpark vergleichsweise häufig vor.

Der Pelister-Nationalpark ist ein wichtiger Lebensraum für Braunbären.

Der Steinadler (Aquila chrysaetos) brütet noch im Pelister-Gebirge. Außerdem sind Steinhühner (Alectoris graeca), Steinschmätzer (Oenanthe oenanthe) und Mauerläufer (Tichodroma muraria) gut im Gebiet zu beobachten. Die Zwergohreule (Otus scops) ist ebenfalls Brutvogel im Nationalpark.

Der Fluss im Brajcino-Tal ist der wichtigste Lebensraum für die endemische Prespa-Bachforelle (Salmo peristericus).

Der Steinadler brütet im Pelister-Nationalpark.

Prespa-Nationalpark Griechenland

Die Bedeutung des Kleinen Prespa-Sees haben Ornithologen erst in den 1960er Jahren entdeckt. Seither werden die Brutkolonien der Pelikane erkundet und geschützt. Der griechische Biologe und Naturschützer Giorgos Catsadorakis hat diese Entwicklungen in einem sehr lesenswerten Buch (Prespa – A story for man and nature) ausführlich beschrieben. Die Naturschutz-Bemühungen führten bereits im Jahr 1974 zur Ausweisung des griechischen Prespa-Nationalparks mit einer Fläche von rund 25.690 Hektar. Die 4.900 Hektar große Kernzone ist streng geschützt. Zu ihr gehört die gesamte Wasserfläche des Kleinen Prespa-Sees mit den angrenzenden Röhrichtflächen und einem kleinen Wacholderwald bei Psarades. Doch selbst die früh erfolgte Schutzgebietsausweisung verschonte den See auch in Griechenland nicht vor schweren Eingriffen. Zwar konnten die noch in den frühen 1970er Jahren geplanten Projekte zur Bebauung der Landzunge zwischen dem Großen und dem Kleinen Prespa-See mit Touristenunterkünften verhindert werden, aber die in den 1980er Jahren vorgenommenen Eingriffe in das hydrologische Gefüge der Zuflüsse in den Prespa-See schädigten die letzten Auwaldreste schwer. Zudem wurde ein großer Teil der früheren Feuchtwiesen drainiert; sie werden heute als Felder genutzt. Dies hatte direkte Konsequenzen für die Tierwelt: unter anderem ging der Karpfenbestand (Cyprinus carpio) drastisch zurück und die Brutvorkommen der Braunen Sichler (Plegadis falcinellus) sowie des Löfflers (Platalea leucorodia) erloschen.

Bild: G. Schwaderer

Blick von Mikrolimni in Richtung Albanien.

Die Röhrichte zwischen Agios Achillios und dem Nordufer des Kleinen Prespa-Sees bieten der weltweit größten Krauskopfpelikan-Kolonie einen Brutplatz.

Bild: G. Schwaderer

Der größte Fluss im griechischen Prespa-Nationalpark ist der Agios Germanos, der durch das gleichnamige Dorf fließt. Er bietet den beiden für die Prespa-Region endemischen Fischarten Prespa-Forelle und Prespa-Barbe einen wichtigen Lebensraum, und in einem schmalen Korridor entlang des Flussbetts wächst das Schneeglöckchen (Galanthus nivalis). In den Uferabbrüchen befindet sich eine größere Brutkolonie der Uferschwalbe (Riparia riparia).

Im Gegensatz zum Großen Prespa-See, der vor allem viele steile Ufer und wenige Flachwasserzonen aufweist, ist der Kleine Prespa-See von großen und ausgedehnten Röhrichten umgeben. Besonders wichtig und charakteristisch sind die offenen Wasserflächen mit den Schwimmblattgesellschaften, die vor allem aus Seerose (Nymphaea alba), Teichrose (Nuphar lutea), Seekanne (Nymphoides peltata) sowie Wassernuss (Trapa natans) bestehen. Im sich landseitig anschließenden Röhrichtgürtel kommen neben Schilf (Phragmites australis) vor allem Rohrkolben (Typha angustifolia und Typha latifolia), Gewöhnliche Teichbinse (Scirpus lacustris) und Wasser-Schwertlilie (Iris pseudacorus) vor. Die an den See angrenzenden Feuchtwiesen werden in der Regel im Frühjahr überschwemmt und bleiben lange Zeit des Jahres sehr feucht. Gemeinsam mit dem an der Landzunge zwischen den beiden Prespa-Seen gelegenen Teich Virolimno (übersetzt bedeutet das „Stinksee") sind diese offenen Wasserflächen mit den Röhrichten und den Feuchtwiesen ein Paradies für Wasservögel.

Ein Beleg dafür sind die über 1.100 Brutpaare des weltweit vom Aussterben bedrohten Krauskopfpelikans (Pelecanus crispus). Somit brütet rund ein Drittel der Weltpopulation in dieser weltweit größten Brutkolonie des Krauskopfpelikans. Dazu kommen noch bis zu 200 Brutpaare des Rosapelikans (Pelecanus onocrotalus), die zwar etwas separiert in kleinen Gruppen, aber dennoch gemeinsam mit den Krauskopfpelikanen in einer Kolonie brüten. Auch die ebenfalls stark bedrohte Zwergscharbe (Phalacrocorax pygmeus) brütet in einer der größten Kolonien Europas am Kleinen Prespa-See. Die wichtigste Brutkolonie mit bis zu 700 Paaren befindet sich auf der kleinen Insel Vidronisi. Hier gibt es zudem gute Beobachtungsmöglichkeiten für Rallenreiher (Ardeola ralloides), Seidenreiher (Egretta garzetta) und Zwergtaucher (Tachybabtis ruficollis). Besonders im Winter ist der Kleine Prespa-See ein wichtiger Zufluchtsort für Wasservögel, der zu dieser Zeit vor allem von Blässhühnern und zahlreichen Entenarten genutzt wird. Da der See aber häufig zufriert, weichen die Wasservögel jeweils auf den Großen Prespa-See oder sogar den Ohrid-See aus.

Die Vegetation im griechischen Prespa-Nationalpark mit Eichenwäldern in den tieferen Lagen, Hainbuchen-Mischwäldern in den Mittellagen und Buchenwäldern in den Hochlagen entspricht der gleichen Höhenstufung wie im albanischen Prespa-Nationalpark. Wie dort gibt es auch kleinere, von Buchs und Wacholder geprägte Bereiche. Insgesamt sind die Wälder im griechischen Teil des Prespa-Einzugsgebiets aber – abgesehen vom Varnous-Gebirge – in einem besseren Zustand. Über der Waldgrenze herrschen subalpine Weiden und dann, in den Lagen ab 1.900 Metern, alpine Weiden vor.

Bild: G. Sachse

Auch rund 200 Paare des Rosapelikans brüten am Kleinen Prespa-See.

Bisher wurden im griechischen Prespa-Nationalpark 1.500 höhere Pflanzen nachgewiesen; etliche davon sind für den Balkan endemisch. Eine botanische Besonderheit ist die für das Prespa-Gebiet endemische Prespa-Flockenblume (Centaurea prespana). Auch die Hängebirke (Betula pendula) ist bemerkenswert, da es sich um das südlichste bekannte Vorkommen der Art handelt. Das größte Vorkommen der Dichter-Narzisse (Narcissus poetica ssp. poetica) in der Region findet man im griechischen Prespa-Nationalpark in der Nähe des Ortes Oxia. Zur Kernzone des Nationalparks gehört das 300 bis 400 Jahre alte Wacholderwäldchen bei Psarades, in dem die beiden Wacholderarten Stinkwacholder (Juniperus foetidissima) und Griechischer Wacholder (Juniperus excelsa) zu finden sind.

Bisher wurden im griechischen Prespa-Nationalpark 23 Fischarten, 11 Amphibien- und 21 Reptilienarten, 42 Säugetierarten und mehr als 260 Vogelarten nachgewiesen. Über 160 Vogelarten brüten sogar regelmäßig hier.

Bild: D. Nill

Bis 1969 brüteten am Kleinen Prespa-See noch rund 120 Löffler-Paare. In den 1970er Jahren ging der Bestand drastisch zurück und nur noch wenige Paare konnten sich halten. 1992 wurde die letzte erfolgreiche Löfflerbrut im Prespa-Gebiet nachgewiesen.

Eine Schutzgebietsverwaltung wurde erst 2003, also rund 30 Jahre nach Gründung des Nationalparks, eingesetzt. Und noch immer gibt es kaum Hinweise auf den Nationalpark. Das ist schade, denn so wird eine große Chance für den Nationalpark Werbung zu machen, nicht genutzt. Bisher finden nur wenige Besucher - vor allem wegen der Naturschätze - ins Schutzgebiet.

An den Hängen des Varounas-Gebirges brüteten bis 1991 Schmutzgeier.
Seither brütet keine Geierart mehr im Gebiet.

Bild: J. Schneider

Insbesondere die von der Schweizer Mava-Stiftung unterstützte Society for the
Protection of Prespa (SPP) hat bisher die Schutzbemühungen vorangetrieben.
Gegründet im Jahr 1990, führte sie seither zahlreiche Projekte zur Umweltbil-
dung, zur Renaturierung und zum Artenschutz durch. Eines ihrer wichtigsten
Projekte war die Renaturierung von Feuchtwiesen im Prespa-Nationalpark, die
bereits in den 1970er Jahren melioriert wurden. Insgesamt gibt es inzwischen
wieder 100 Hektar Feuchtwiesen; vor der im Rahmen eines von der Europäischen Union finanzierten LIFE-Projekts umgesetzten Maßnahme waren es nur
rund 30 Hektar. Besonders segensreich wirkte sich die Wiederaufnahme und
konsequente Fortsetzung der traditionellen extensiven Weidewirtschaft auf die
Avifauna aus. Zwei Rinderherden und eine Wasserbüffelherde weiden derzeit
in den Feuchtwiesen. So hat im Jahr 2007 erstmals nach 35 Jahren wieder der
Braune Sichler (Plegadis falcinellus) am Kleinen Prespa-See gebrütet, und im
gleichen Jahr gelang dort zudem der erste Brutnachweis für die Rohrdommel
(Botaurus stellaris). Ebenfalls von großer Bedeutung war die Reparatur der
Schleuse an der Landzunge zwischen Großem und Kleinem Prespa-See,
die 1999 bei einem Hochwasser zerstört worden war. Im Rahmen des LIFE-
Projekts sorgte die SPP für die Wiederherstellung der Schleuse und legte
damit den Grundstein dafür, dass der Kleine Prespa-See auch in Zukunft ein
Paradies für Wasservögel bleiben kann.

Da der Wasserspiegel im Großen Prespa-See deutlich abgesunken ist, kann nur noch mit dieser Schleuse verhindert werden, dass der Kleine Prespa-See sich nicht auf den Wasserspiegel des Großen Prespa-Sees einpegelt und in weiten Teilen trocken fällt.

Früher war die extensive Beweidung der Feuchtwiesen um den Kleinen Prespa-See weit verbreitet. Mit der Nutzungsaufgabe ging ein Rückgang stark bedrohter Vogelarten wie dem Braunen Sichler und der Rohrdommel einher. Die wieder aufgenommene Beweidung mit Rindern und Wasserbüffeln wirkt sich positiv auf diese Vogelarten aus; beide brüten seit einigen Jahren wieder im Gebiet.

Griechenland hat seinen Anteil am Kleinen Prespa-See bereits 1975 als Ramsar-Gebiet gemeldet. Dies unterstreicht die internationale Bedeutung dieses Feuchtgebiets und verpflichtet Griechenland nun auch zu dessen konsequentem Schutz.

Ein Dreiländerschutzgebiet – der Prespa-Park

Am 02. Februar 2000 fand ein für die Prespa-Region denkwürdiges Ereignis statt: Die damaligen Ministerpräsidenten der drei Anrainerstaaten, Costas Simitis, Ljubco Georgievski und Ilir Meta, trafen sich in Agios Germanos und unterzeichneten ein Dokument zur Ausweisung des so genannten Prespa-Parks. Mit diesem trilateralen Schutzgebiet wurde das gesamte Wassereinzugsgebiet der beiden Prespa-Seen mit einer Fläche von 2.519 Quadratkilometern unter Schutz gestellt. Der Vertrag hat das erklärte Ziel, dieses Gebiet als trilaterales, von der Unesco anerkanntes Biosphärenreservat auszuweisen. Das Prespa Park Coordination Committee (PPCC), das aus Vertretern jeweils einer NGO und dem verantwortlichen Ministerium der drei Staaten besteht, soll die Aktivitäten auf dem Weg zu einem grenzüberschreitenden Schutzgebiet koordinieren. Leider konnten aber bisher nur geringe Fortschritte erzielt werden, denn viel zu oft überschattete die angespannte politische Großwetterlage die Sitzungen des PPCC. Momentan erscheint es sinnvoller, jeweils auf nationaler Ebene konsequent weiterzuarbeiten, um zunächst wenigstens kleinräumig Verbesserungen zu erreichen.

Bild: G. Schwaderer

Unweit der Insel Golem Grad befindet sich der Grenzpunkt zwischen Albanien, Griechenland und Mazedonien.

Im Juni 2004 beschloss das PPCC einen Strategischen Aktionsplan für die nachhaltige Entwicklung des Prespa-Parks. Dieser zukunftsweisende Plan ist bisher nur in Ansätzen umgesetzt worden. Auch ein im Jahr 2006 gestartetes Projekt zum Schutz des Prespa-Seengebiets, das über die Globale Umweltfazilität (GEF) finanziert und vom Entwicklungsprogramm der Vereinten Nationen (UNDP) gemanagt wird, hat sich zum Ziel gesetzt, diesen Strategischen Aktionsplan endlich umzusetzen. Bisher überwiegt bei den Akteuren vor Ort jedoch Frust und Resignation, da ein Großteil der Mittel für die Erstellung weiterer Studien sowie für die Bezahlung von externen Experten verwendet wird.

Eine faszinierende Naturschutz-Initiative: Das Grüne Band Europas

Der Fall der Mauer in Berlin und die politische Wende in Europa liegen inzwischen lange zurück. Für die jüngeren Menschen ist ein vereintes Deutschland bereits selbstverständlich. Aber über viele Jahrzehnte durchzog nicht nur Deutschland, sondern weite Teile Europas eine unmenschliche Grenze. In diesen für die Bevölkerung abgeriegelten Grenzgürteln entwickelten sich unberührte Naturparadiese, die jedoch in den letzten Jahren verstärkt unter Nutzungsdruck geraten sind. Nun muss es darum gehen, diesen wertvollen Teil des europäischen Naturerbes als Grünes Band Europas zu erhalten. Um das ambitionierte Ziel zu erreichen, schlossen sich viele Naturschutzorganisationen in Europa zusammen. Die Weltnaturschutzorganisation IUCN hat auf europäischer Ebene ein Grünes-Band-Sekretariat eingerichtet, und EuroNatur übernahm die Koordination der Naturschutzaktivitäten entlang des Grünen Bands auf dem Balkan.

Die Prespa-Ohrid-Region ist Teil des Grünen Band Europas.

Karte: K. Sauer auf Grundlage von DLR Satellitenbildkarte

Das Jablanica-Shebenik-Gebirge

Zwar nicht direkt in der Prespa-Ohrid-Region, aber dennoch in unmittelbarer Nähe, liegt im Grenzgebiet zwischen Albanien und Mazedonien der Jablanica-Shebenik-Gebirgszug. Den albanischen Teil des Gebirges hat die albanische Regierung im Mai 2008 als Nationalpark ausgewiesen. Der Shebenik-Jablanica-Nationalpark umfasst eine Fläche von insgesamt 33.900 Quadratkilometern. Der mazedonische Teil des Gebirgszugs soll ebenfalls als großes Schutzgebiet mit einer Fläche von mindestens 16.000 Hektar ausgewiesen werden; mit der Unterschutzstellung als Nationalpark durch die mazedonische Regierung wird noch im Jahr 2009 gerechnet. Beide Initiativen tragen auf einer Fläche von insgesamt rund 50.000 Hektar zum besseren Schutz des Grünen Band Europas bei.

Von den Höhenzügen des Jablanica-Gebirges aus blickt man auf den Ohrid-See.

Bild: G. Schwaderer

Die Bemühungen zur Unterschutzstellung dieses Grenzgebirges gehen in erster Linie auf eine gemeinsame, zunächst vom deutschen Bundesamt für Naturschutz und dann von der Schweizer MAVA-Stiftung geförderte Initiative von EuroNatur, PPNEA, MES und Kora zurück. Noch steht der Nationalpark auf albanischer Seite allerdings ganz am Anfang seiner Entwicklung, und es wird sicherlich einige Zeit dauern, bis eine Verwaltung aufgebaut wird, die die Schutz- und Kontrollaufgaben wahrnehmen kann.

Das Jablanica-Gebirge kann in drei Untereinheiten gegliedert werden. Der Norden wird durch anstehenden Kalkstein geprägt, ohne dass hier zahlreiche oberflächliche Karstphänomene auftreten. Im zentralen Bereich – in dem nicht nur Kalkgesteine, sondern auch Silikatgesteine anstehen – finden sich besonders viele Kare und Gletscherseen. Im Süden dominiert der Kalkstein und es gibt an vielen Stellen prägnante Karstphänomene.

Gebirgsbach im Jablanica-Gebirge

Bilder: G. Schwaderer

Der grenzüberschreitende Gebirgszug wird von drei verschiedenen Vegetationszonen geprägt. In den tieferen Lagen dominieren die Wärme liebenden Eichenwaldgesellschaften. Es schließen sich dann in den mittleren Höhenlagen Buchenwälder an, in denen auch Weißtanne und verschiedene Kiefernarten, unter ihnen die Mazedonische Kiefer (Pinus peuce) vorkommen. Die Höhenlagen sind durch alpine Wiesen und Weiden sowie Bergheiden charakterisiert.

Trotz umfangreicher Vegetationsaufnahmen in Mazedonien wurde bislang nur ein Bruchteil des Gesamtgebiets detailliert floristisch kartiert. Das Standardwerk in Mazedonien (Flora von Mazedonien) gibt für das Jablanica-Gebiet rund 250 verschiedene Arten von Farn- und Blütenpflanzen an. Bei aktuell von der MES durchgeführten Feldarbeiten wurden 35 Arten aufgenommen, die als schützenswert gelten.

Das Gefleckte Knabenkraut ist im Jablanica-Gebirge noch häufig.

Nach der Schneeschmelze prägen die weißen Blüten der endemischen Krokusart Crocus cvijicii die alpinen Matten.

Bilder: G. Schwaderer

Im Gebiet konnten 40 Säugetierarten nachgewiesen werden, darunter Braunbär (Ursus arctos), Wolf (Canis lupus), Wildkatze (Felis silvestris) und Balkangämse (Rupicapra rupicapra balcanicus). Des Weiteren wurden verschiedene Fledermausarten beobachtet (Großes und Kleines Mausohr, Kleine Bartfledermaus und Alpenfledermaus). Für den Balkanluchs (Lynx lynx martinoi) gibt es aus jüngster Zeit nur wenige direkte Nachweise. Jedoch wurde die Frage nach Luchsvorkommen bei Interviews mit der lokalen Bevölkerung häufig positiv beantwortet. Der letzte bestätigte illegale Abschuss eines Balkanluchses stammt aus dem Jahr 2003. Im Jahr 2007 wurde auf der Straße entlang des Drin auf der Höhe des Staudamms des Glocica-Sees ein Luchs überfahren.

In vier verschiedenen Lebensräumen (Eichenwald, Buchenwald, alpiner Bereich mit Weiden und Felsen sowie Siedlungsbereich) wurden insgesamt 86 Vogelarten kartiert: Mit insgesamt 49 Arten erwiesen sich dabei die Eichenwälder der unteren Lagen als am artenreichsten.

Hervorzuheben sind: Schlangen- und Steinadler (Circaetus gallicus bzw. Aquila chrysaetos), sowie fünf verschiedene Spechtarten (Grün-, Bunt-, Schwarz-, Blut- und Weißrückenspecht - Picus viridis, Dendrocopos major, Dryocopus martius, Dendrocopos syriacus und Dendrocopos leucotos). Eine ehemals vorhandene Gänsegeierkolonie ist leider erloschen.

Bei den Amphibien ist das Vorkommen des Bergmolchs (Triturus alpestris) in den Karseen des Gebiets besonders hervorzuheben, da dies der bisher südlichste Nachweis der Art ist. Daneben finden sich zahlreiche, für den Balkan endemische Amphibienarten und –unterarten, darunter Syrische Schaufelkröte (Pelobates syriacus balcanicus), Gelbbauchunke (Bombina variegata scabra) und Alpen-Kammmolch (Triturus carnifex macedonicus).

Im Jablanica-Shebenik-Gebirge kommen mindestens 27 verschiedene Reptilien-Arten vor. Unterarten der Griechischen Landschildkröte (Testudo hermanni boettgeri), der Europäischen Sumpfschildkröte (Emys orbicularis hellenica), der Johannisechse (Ablepharus kitaibelii stepanek), der Zauneidechse (Lacerta agilis bosnica), der Ägäischen Mauereidechse (Podarcis erhardii riveti) und der Kreuzotter (Vipera berus bosniensis) sind für den Balkan endemisch.

Bild: M. Velevski

Weibliche Balkan-Zauneidechse

Im Vergleich zu den Wäldern in einigen der Nachbarländer, insbesondere in Albanien, sind die mazedonischen in einem sehr guten Zustand. Dies geht vor allem darauf zurück, dass in Mazedonien, aber auch in anderen Republiken Jugoslawiens, gleich nach dem zweiten Weltkrieg die Haltung von Ziegen verboten wurde. Für die ländliche Bevölkerung bedeutete dies einen schweren Eingriff, der vor allem die ohnehin schon sehr Armen betraf, da Ziegen in der Regel die Kühe der armen Leute sind. Für die Wälder in Mazedonien war es dagegen eine sehr positive Entscheidung. Die Unterbindung der Ziegenbeweidung verhinderte einerseits die Übernutzung der bestehenden Wälder und ermöglichte andererseits die natürliche Regeneration der bereits degradierten Wälder.

Mavrovo-Nationalpark

Bereits im Jahr 1949 wurde der Mavrovo-Nationalpark in Mazedonien ausgewiesen. Damals war er nur rund 117,5 Quadratkilometer groß. Aber schon 1952 wurde er beträchtlich erweitert. Seither ist er mit rund 730 Quadratkilometern das größte Schutzgebiet in Mazedonien. Dennoch ist der Mavrovo-Nationalpark auch heute noch in den meisten Landkarten nur mit seinen alten Grenzen aus dem Jahr 1949 eingezeichnet. Im Osten reicht er bis an den Mavrovo-Stausee und im Westen wird er durch die Grenze zu Albanien begrenzt. Hier liegt der höchste Gipfel des Nationalparks: Der Khorab ist mit 2.753 Metern über dem Meeresspiegel zugleich der höchste Berg Mazedoniens. Im Süden reicht der Mavrovo-Nationalpark bis an den Debar-Stausee; im Norden erstreckt er sich bis an die Grenze zum Kosovo.

Bis in die 1950er Jahre grasten im Sommer mehr als 150.000 Schafe in den Höhenlagen des Schutzgebiets. Die Schafbeweidung wurde damals noch in einem traditionellen Transhumanzsystem organisiert (mit Transhumanz wird die Viehwanderung zwischen den oft weit voneinander entfernten Sommer- und Winterweiden bezeichnet). Heute nutzen nur noch rund 15.000 Tiere die Weiden im Mavrovo-Nationalpark.

Und sie wandern auch nicht mehr wie früher im Winter in die tiefer gelegenen Ebenen, sondern werden mit LKWs dorthin gebracht. Neben den Schafweiden sind für den Mavrovo-Nationalpark die großen und ausgedehnten, vor allem aus Buchen und Eichen bestehenden Wälder charakteristisch. Der Schutz dieser Waldgebiete war auch der wesentliche Grund für die Etablierung des Nationalparks vor mehr als 60 Jahren.

Bild: G. Schwaderer

Die meisten Besucher des Mavrovo-Nationalparks haben den Mavrovo-Stausee als Ziel.

Der Mavrovo-Nationalpark zählt zu den wertvollsten Perlen am Grünen Band Europas und ist ein wichtiger Lebensraum für Braunbär, Wolf, Reh, Hirsch, Balkangämse und Balkanluchs. Eine im Frühjahr 2008 durchgeführte Studie im Mavrovo-Nationalpark, die im Rahmen des Balkan Lynx Recovery Programme mit Kamerafallen durchgeführt wurde, belegte, dass hier noch mindestens sieben, wahrscheinlich aber bis zu zehn Balkanluchse leben. Damit zählt der Mavrovo-Nationalpark zu den wichtigsten Rückzugsgebieten für diese sehr stark vom Aussterben bedrohte Luchspopulation.

Der Balkanluchs (Lynx lynx martinoii)

Der Eurasische Luchs (Lynx lynx) war bis ins 18. Jahrhundert in Europa weit verbreitet. Vor allem die systematische Verfolgung führte aber in den meisten Regionen Europas zur Ausrottung der hochbeinigen Katzenart. Alle heutigen Luchs-Vorkommen in Mitteleuropa gehen auf Wiederansiedlungsprojekte zurück. Nur die Luchse in den Karpaten sowie im Norden und Osten Europas haben die Verfolgung überlebt. Die größte autochthone Luchspopulation außerhalb dieser Gebiete findet man auf dem Balkan. Aktuelle genetische Untersuchungen von Kora (Koordinierte Forschungsprojekte zur Erhaltung und zum Management der Raubtiere in der Schweiz) deuten darauf hin, dass es sich bei den Luchsen auf dem Balkan sogar um eine eigene Unterart handelt: den Balkanluchs (Lynx lynx martinoii).

EuroNatur hat gemeinsam mit Kora, der IUCN Cat Spezialist Group, Nina (Norwegian Institue for Nature Research) und zwei regionalen Partnerorganisationen, nämlich MES in Mazedonien und PPNEA in Albanien, im Jahr 2005 ein umfassendes Projekt zum Schutz des Balkanluchses gestartet, das Balkan Lynx Recovery Programme.

Bild: G. Schwaderer

Erste internationale Konferenz zum Schutz des Balkanluchses im Mavrovo-Nationalpark im November 2005 unter der Schirmherrschaft des Europarates.

Seither arbeiten die Partner gemeinsam an der Entwicklung und Umsetzung einer grenzüberschreitenden Schutzstrategie für den Balkanluchs. Wichtige Voraussetzung hierfür war und ist noch immer die kontinuierliche Aus- und Weiterbildung von hierauf spezialisierten Wissenschaftlern und Naturschützern. Inzwischen ist in Albanien und Mazedonien jeweils ein Team mit jungen und sehr engagierten Luchsschützern im Einsatz, die sicher in wenigen Jahren den Naturschutz in beiden Ländern entscheidend prägen werden. Gemeinsam mit den regionalen Partnern setzt sich EuroNatur zudem intensiv für eine umfassende Ausweitung des Schutzgebietsnetzwerks im Verbreitungsgebiet des Balkanluchses ein. Damit sollen die letzten Rückzugsgebiete der vom Aussterben bedrohten Unterart erhalten wie auch die Wanderkorridore zwischen den verinselten, kleinen Teilpopulationen gesichert bzw. wiederhergestellt werden. Ein erster wichtiger Erfolg war im Mai 2008 mit der Ausweisung des Shebenik-Jablanica-Nationalparks in Albanien zu verzeichnen. Gemeinsam mit den Partnern arbeitet EuroNatur nun für weitere großflächige Schutzgebiete, die dem Balkanluchs und vielen anderen Arten zugutekommen werden. Ein direkt an den bestehenden albanischen Shebenik-Jablanica-Nationalpark angrenzendes Schutzgebiet auf mazedonischer Seite befindet sich bereits in einer intensiven Vorbereitungsphase. Dieses soll dann den grenzüberschreitenden Natur- und Artenschutz im Jablanica-Gebirge ermöglichen.

Bild: MES

Diese Aufnahme eines Balkanluchses ist im Rahmen des Balkan Lynx Recovery Programme im Mavrovo-Nationalpark mit einer Kamerafalle gelungen.

Dieser Balkanluchs wurde 2003 im heutigen Shebenik-Jablanica-Nationalpark gewildert.

Nicht weniger wichtig, aber noch nicht so weit vorangeschritten ist die Vorbereitung eines großen Nationalparks im Norden Albaniens, der nach Möglichkeit später dann auch mit den schon bestehenden Schutzgebieten in Montenegro und im Kosovo verbunden werden soll. Ein weiteres, für den Schutz des Balkanluchses ebenfalls sehr wichtiges Vorhaben ist der Schutz des Gebirgszugs Ilinska-Plakenska, der als ökologischer Korridor zwischen den Nationalparken Pelister und Galicica im Süden sowie den Gebirgen Stogovo und Bistra im Norden fungiert. Schutzkonzepte für diese Gebiete werden ebenfalls im Rahmen des Projektes zum Schutz des Balkanluchses erarbeitet.

Der Shebenik-Jablanica-Nationalpark schützt ausgedehnte Gebirgslandschaften.

Ökologische Regionalentwicklung – ein wichtiges Instrument des Naturschutzes

Menschen und Natur verbinden – das ist auch in der Prespa-Ohrid-Region ein Erfolgsrezept für den Naturschutz. Gerade in den ländlichen Regionen, in denen die wertvollsten Naturschätze erhalten blieben, ist die Bevölkerung meist arm und dabei zugleich fast ausschließlich auf die Nutzung der Naturressourcen angewiesen. In der Prespa-Ohrid-Region gibt es inzwischen viele Ansätze für einen Naturschutz mit dem Ziel, die Menschen durch die Schutzkonzepte nicht auszugrenzen, sondern ihnen durch den konsequenten und intelligenten Schutz der natürlichen Ressourcen neue Chancen und Perspektiven zu eröffnen. Auch EuroNatur hat hierzu einige wichtige und zukunftsweisende Beiträge geleistet. Im Prespa-Nationalpark hat EuroNatur gemeinsam mit PPNEA ein Programm zur Einführung von energieeffizienten Öfen initiiert. Hiervon profitiert nun einerseits die lokale Bevölkerung und andererseits geht der Nutzungsdruck auf die Wälder zurück. Ebenfalls sehr erfolgreich war die Unterstützung von Bauern beim Anbau von Heilkräutern. Besonders hervorzuheben ist dabei die Förderung des Anbaus von Bergtee (Sideritis raeseri). Diese Heilpflanze, aus der sich ein wohlschmeckender Tee herstellen lässt, wächst in vielen Gebieten des Balkans und insbesondere in der Prespa-Region wild. Die zunehmenden Wildsammlungen wirken sich inzwischen schon negativ auf das Vorkommen der Art aus. Mit dem Anbau von Bergtee aber schonen die Bauern nicht nur die natürlichen Vorkommen, sondern sie reduzieren auch ihren Zeitaufwand gegenüber der Wildsammlung erheblich. Ein ähnliches Projekt startete mit Unterstützung von EuroNatur im Shebenik-Jablanica-Nationalpark.

Bild: G. Schwaderer

In Gollomboc im albanischen Prespa-Nationalpark wird Bergtee angebaut.

Besonders gute Möglichkeiten bietet eine sanfte touristische Entwicklung, die auf das Interesse der Besucher an Natur und Landschaft abzielt. Diese Variante des Tourismus erschließt der Bevölkerung der kleinen Dörfer, ergänzend zur Landwirtschaft, eine weitere Einkommensquelle. Und naturinteressierte Besucher leisten durch die von ihnen ausgehende Inwertsetzung der Natur einen Beitrag dazu, dass Landschaften, Tiere und Pflanzen auch bei der lokalen Bevölkerung eine höhere Wertschätzung erfahren. Eine besonders vorbildliche Initiative in diese Richtung hat sich in der mazedonischen Gemeinde Brajcino entwickelt. Auch im albanischen Prespa-Nationalpark entstehen gerade einige kleine Familienhotels, und das Angebot privater Zimmervermietung wächst.

Bild: G. Schwaderer

Die Vermarktung regionaler Spezialitäten steht in der Prespa-Ohrid-Region noch am Anfang.

Großschutzgebiete in der Prespa-Ohrid-Region

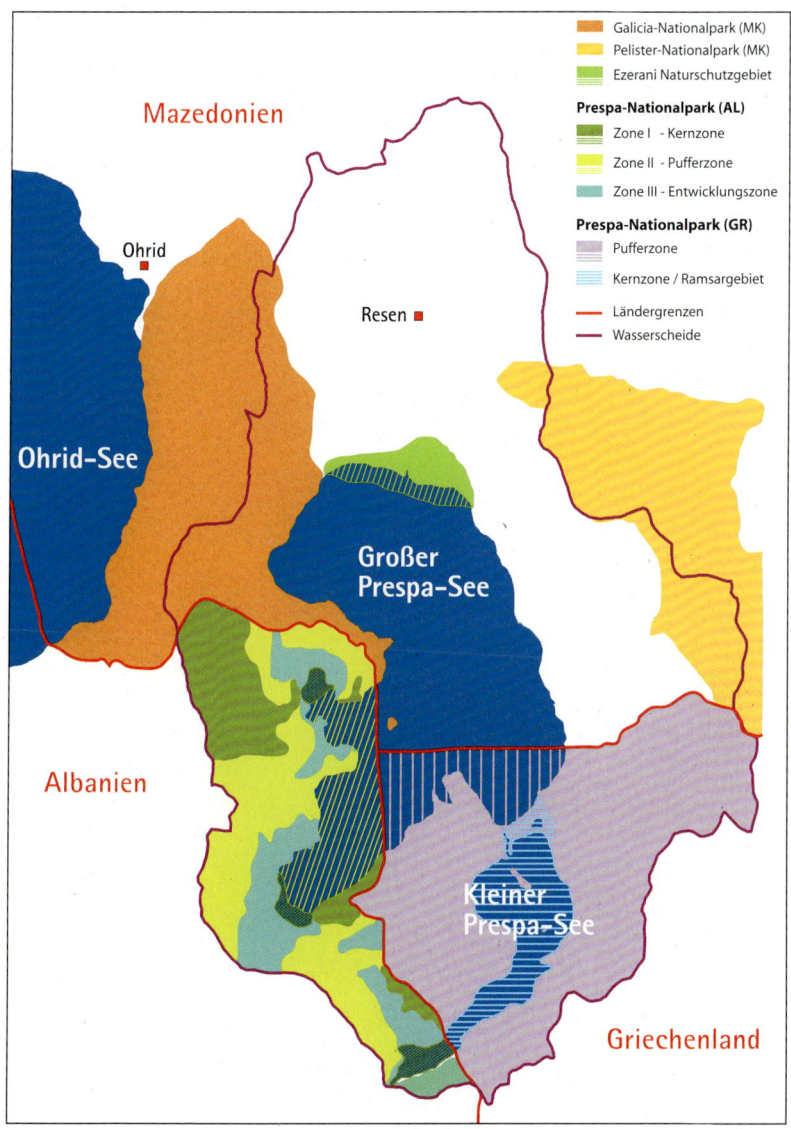

Legende:
- Galicia-Nationalpark (MK)
- Pelister-Nationalpark (MK)
- Ezerani Naturschutzgebiet

Prespa-Nationalpark (AL)
- Zone I - Kernzone
- Zone II - Pufferzone
- Zone III - Entwicklungszone

Prespa-Nationalpark (GR)
- Pufferzone
- Kernzone / Ramsargebiet

- Ländergrenzen
- Wasserscheide

Mazedonien

Ohrid

Resen

Ohrid-See

Großer Prespa-See

Albanien

Kleiner Prespa-See

Griechenland

Schutz/Gefährdung

Reiseinformationen

Allgemeine Hinweise und Tipps für Besucher

Unterkunft

Ohrid, Struga und auch die meisten anderen Orte am mazedonischen Ufer des Ohrid-Sees sind schon seit mehr als dreißig Jahren mit touristischer Infrastruktur erschlossen. Auch für individuell anreisende Besucher gibt es - zumindest außerhalb der Hauptsaison - genügend Möglichkeiten, sich an Ort und Stelle ein Quartier zu suchen. Auf der albanischen Seite des Ohrid-Sees sind in den letzten Jahren vor allem zwischen Pogradec und den Drilon-Quellen eine Vielzahl von Pensionen und kleinen Hotels entstanden. In der Prespa-Region dagegen ist das Angebot an Übernachtungsmöglichkeiten noch bedeutend kleiner. Immerhin findet man in den Orten auf der albanischen Seite des Großen Prespa-Sees inzwischen auch schon einige kleine Familienhotels. Und private Fremdenzimmer mit einem im Vergleich zu mitteleuropäischen Verhältnissen meist niedrigem Standard und gemeinsamer Nutzung der sanitären Einrichtung mit der Gastfamilie gibt es fast überall. Ein auf die Hochsaison begrenzter Badetourismus ist in den mazedonischen Ortschaften Pretor, Othesevo und Stenje entstanden. Hier trifft man sogar auf einige größere Hotels, die allerdings teilweise schon wesentlich bessere Zeiten gesehen haben. In Griechenland ist die touristische Infrastruktur am weitesten entwickelt. So findet man im griechischen Bereich der beiden Prespa-Seen ein großes Angebot an Tavernen, etlichen kleineren Hotels

sowie eine Vielzahl an Privatzimmern, die zwar meist klein sind, aber ansonsten einen recht guten Standard aufweisen. Trotzdem ist auch der griechische Teil der Seen-Region - zumindest in der Vor- und Nachsaison - noch nicht überlaufen. Darüber hinaus gibt es hier die meisten Angebote für Besucher, wie zum Beispiel Bootsausflüge. Mehrere Beobachtungstürme und –plattformen bieten ornithologisch Interessierten gute Möglichkeiten zur Vogelbeobachtung.

In Albanien sind Sehenswürdigkeiten neuerdings ausgeschildert.

Bild: G. Schwaderer

Mobilität vor Ort

Der öffentliche Nahverkehr ist nur in Ansätzen vorhanden und ohne Kenntnisse der jeweiligen Landessprache kaum nutzbar. Es ist daher sehr zu empfehlen, die Mobilität für Unternehmungen vor Ort mit dem eigenen PKW, einem Mietwagen oder einem Fahrrad sicherzustellen. Öffentliche Taxis sind insbesondere in Mazedonien und Griechenland ohne Schwierigkeiten verfügbar und zumindest in Mazedonien derzeit noch sehr preiswert.

Bei Nutzung eines Mietfahrzeugs muss im Vorfeld klargestellt werden, ob die Autovermietungsfirma die Fahrt in Nachbarländer gestattet, denn vor allem in Griechenland ist dies häufig nicht der Fall - insbesondere nicht, wenn man über die Grenze nach Mazedonien will. Auch den Grenzübertritt nach Albanien gestatten viele griechische Autovermieter nicht. Die besten Erfahrungen haben die Autoren mit Autovermietern in Mazedonien gemacht.

Das Passieren der Grenzen kann aufgrund der politischen Spannungen vor allem zwischen Griechenland und den beiden Nachbarländern gelegentlich etwas nervenaufreibend sein. An der Grenze zwischen Albanien und Griechenland ist wegen der vielen Albaner, die in Griechenland einer Saisonarbeit oder einer dauerhaften Beschäftigung nachgehen, dort oft auch ihren Wohnsitz haben, mit einem erheblichen Verkehrsaufkommen zu rechnen. Albaner benötigen bei der Ein- und Ausreise ein Visum bzw. eine Ausreisebestätigung von der griechischen Grenzpolizei, was zu sehr langen Wartezeiten führen kann.

Reisezeit

Aus botanischer und faunistischer Sicht ist das Frühjahr die interessanteste Reisezeit. Zudem sind die Temperaturen dann auch tagsüber angenehm. Nachts kann es allerdings noch sehr kalt werden und das Wetter ist auch meist erst ab Mitte Juni stabil. Dann aber ist mit mindestens drei warmen bis heißen Sommermonaten zu rechnen. Selbst in den Hochsommernächten kühlt es aufgrund der Höhenlage häufig stark ab. Im Spätsommer und frühen Herbst herrscht in der Regel noch gutes und beständiges Reisewetter; die etwas niedrigeren Temperaturen machen Wanderungen und andere Unternehmungen in der Landschaft angenehm. Zudem bietet der einsetzende Vogelzug interessante Beobachtungsmöglichkeiten.

Tourenvorschläge

In der Prespa-Ohrid-Region bieten sich sehr viele Möglichkeiten für lohnende Ausflüge. Die Autoren haben eine Auswahl unter den interessantesten und reizvollsten Zielen getroffen, die im Folgenden präsentiert werden.

Sehenswertes im Galicica-Nationalpark

Im Galicica-Nationalpark eröffnen sich vielfältige Möglichkeiten für interessante Touren. Allerdings gibt es keine aktuelle Karte des Gebiets mit Wanderwegen, so dass die Orientierung manchmal nicht ganz leicht fällt. Bei der Nationalpark-Verwaltung ist zwar eine relativ gute topographische Karte des Schutzgebiets erhältlich, doch die hierin verzeichneten Fußwege sind in der Landschaft nicht oder nur teilweise markiert. Das soll sich zwar bald ändern, aber zum Zeitpunkt der Drucklegung dieses Reiseführers waren die entsprechenden Vorhaben alle noch in der Vorbereitungsphase.

Sveti Naum - bemerkenswertes Natur- und Kulturerbe

Lohnenswert ist der Besuch der Ohrid-Quellen in Sveti Naum, obwohl der zu den Quellen führende Weg mit seinen Buden, in denen Ramsch und Billigessen angeboten wird, eher abschreckend wirkt. Die Anreise ist von Ohrid aus auch mit Dampfern oder kleinen Motorbooten möglich. Das etwa 30 Hektar große Quellgebiet umfasst rund 30 unterirdische und 15 oberirdische Quellen. Zur Erkundung der Quellen werden Ruderbootfahrten angeboten, wobei manchmal Sumpfschildkröten, Ringelnattern und Eisvögel beobachtet werden können. Diese Fahrten, die rund eine halbe Stunde dauern und für die auch Deutsch und Englisch sprechende Führer zur Verfügung stehen, starten vom Garten des zur Nationalpark-Verwaltung gehörenden Restaurants in Sveti Naum, das sich linker Hand hinter dem Drin-Abfluss befindet. Eine kleine Fußgängerbrücke führt zum Restaurant, von dessen Terrasse aus die Quellen sehr schön zu sehen sind. Meist werden diese Ohrid-Quellen als die Quellen des Schwarzen Drin bezeichnet. Das wichtigste Quellgebiet befindet sich bei Sveti Naum.

Die Quellen des Schwarzen Drin bei Sveti Naum können bei einer Ruderbootfahrt erkundet werden.

Bilder: G. Schwaderer

Das Wasser aus dem Großen Prespa-See bildet den wichtigsten Zufluss für den Ohrid-See; hier die Quelltöpfe bei Sveti Naum.

Noch weiter im Süden liegt das Kloster Sveti Naum, in dem sich heute ein Hotel sowie ein Restaurant befinden. Im Innenhof des Klosters steht die als Unesco-Weltkulturerbe geschützte Kirche von Sveti Naum.

An der Strecke von Ohrid nach Sveti Naum kommt man durch das Dorf Trpejca am Steilufer des Ohrid-Sees. Die Bucht lädt mit ihren Kiesstränden zum Baden ein. Der ruhige Ort fernab der Hauptstraße und des Rummels von Ohrid eignet sich auch gut als Standquartier für einen längeren Aufenthalt am Ohrid-See.

Der heilig gesprochene Naum ließ im 9. Jahrhundert ein Kloster bei den Quellen des Schwarzen Drin erbauen. Ein Großteil der heute zu besichtigenden Anlage stammt aus dem 16. Jahrhundert.

Zwischen Ohrid- und Großem Prespa-See - Grandiose Ausblicke

Die Straße vom Ufer des Ohrid-Sees nach Stenje, das am Großen Prespa-See liegt, führt quer durch den Nationalpark. Von der Abzweigung aus erreicht man nach rund acht Kilometern linker Hand einen Rastplatz, der aufgrund seiner Vermüllung nicht gerade zum Verweilen einlädt. Von hier aus zweigt ein kleiner Feldweg nach Norden ab, der nach kurzer Strecke in einen Trampelpfad übergeht und dann endet.

Suva Gora - die verkarstete Hochfläche des Galicia-Nationalparks.

Folgt man dieser Straße weiter in Richtung Stenje, zweigt nach ungefähr drei Kilometern ein kleines geteertes Sträßchen nach links ab, das zur Talstation eines nicht mehr in Betrieb befindlichen Skigebiets führt. Von hier aus gibt es einige markierte Fuß- und Mountainbikewege, die das Karstfeld von Suva Gora erschließen.

Von der Straße hinunter nach Stenje bieten sich an einigen Stellen großartige Ausblicke auf den Großen Prespa-See.

Bilder: G. Schwaderer

Die Bucht von Stenje am Großen Prespa-See gehört zum mazedonischen Galicia-Nationalpark.

In unmittelbarer Nähe der Insel Golem Grad befindet sich der Grenzpunkt zwischen Albanien, Griechenland und Mazedonien.

Bild: G. Schwaderer

Die Insel Golem Grad (auf Deutsch: Große Stadt) gehört administrativ zum Galicica-Nationalpark. Es gibt keinen regulären Fährbetrieb auf die kleine, landschaftlich besonders reizvolle Insel, aber vor allem in Stenje oder Konjsko ist es möglich, einen Bootsmann zu finden, der einen übersetzt. Der etwas verwunderliche Name der Insel rührt übrigens daher, dass hier einst Zar Samuel gekrönt worden sein soll.

Ohrid und Resen – Städte mit alten Traditionen und Lokalkolorit

Die Stadt Ohrid ist wegen ihrer zahlreichen Kirchen, dem antiken Theater, der Festung und der typischen Ohrid-Häuser unbedingt einen Besuch wert. Im Hochsommer sollten Ruhe suchende Menschen die Stadt aber eher meiden, denn hier wird die Nacht zum Tag gemacht. Vor allem für viele Jugendliche aus Skopje, aber auch aus anderen größeren Städten Mazedoniens ist Ohrid im Sommer das attraktivste Reiseziel des Landes. Und die Stadt hat sich auf diese Besucher mit einer großen Zahl an Diskotheken und Bars eingestellt.

Fährt man von Ohrid aus an den Großen Prespa-See, nimmt man die Fahrstraße über Resen. Wer Lust hat zu einem Bummel in einer hübschen Kleinstadt mit Lokalkolorit, sollte dort etwas Zeit einplanen.

Weitere Informationen über den Galicica-Nationalpark finden Sie auch auf Englisch unter: www.galicica.org.mk

Telefonische Auskünfte, zum Beispiel auch über geführte Exkursionen, erteilt die Nationalparkverwaltung
(Tel. +389 – (0) – 46 261 473).

Albanischer Prespa-Nationalpark

Orientierungshilfen für den albanischen Prespa-Nationalpark

In Gorice e Vogel – und zwar an der Hauptstraße im neu gebauten Teil des Ortes - steht an der seeabgewandten Seite ein kleines Informationszentrum des Prespa-Nationalparks. Leider ist es nur dürftig ausgestattet. Es gibt zwar einige Informationsblätter in englischer Sprache, aber zum Beispiel keine Karte vom Gebiet. Auch die Ausstellung an sich ist wenig aussagekräftig. Mit etwas Glück kann man hier jedoch Englisch sprechende Mitarbeiter des Nationalparks antreffen, die gerne bei der Planung von Touren im Nationalpark behilflich sind.

Fährt man auf der Straße vom Info-Zentrum in Richtung der mazedonischen Grenze weiter, liegt linker Hand ein kleines Hotel mit einigen Zimmern. Direkt gegenüber befand sich im Herbst 2008 ein weiteres Hotel im Bau. Mehrere kleine Familienhotels findet man in Zaroshka und Gollomboc. Besonders das kleine Hotel Vasil in Gollomboc mit vier sauberen und gepflegten Doppelzimmern ist empfehlenswert. Die Küche des dazugehörenden kleinen Restaurants ist einfach, aber sehr schmackhaft. Am Ortseingang von Zaroshka befindet sich linker Hand das Restaurant Aleksandar, das delikate Fischgerichte anbietet. Eine Spezialität ist der in Wein-Sahnesauce gekochte Karpfen. Im Dorf liegt auch das dem gleichen Betreiber gehörende Hotel Aleksandar.

Ein grundlegendes Problem im albanischen Prespa-Nationalpark ist die Verständigung, denn nur wenige Menschen sprechen hier Englisch oder gar Deutsch. Die meisten Bewohner sind ethnische Mazedonen. Wichtig ist daher, sich mindestens einige wichtige mazedonische Worte anzueignen. Man kann sich aber auch auf Albanisch verständigen.

Im albanischen Prespa-Gebiet sind die Namen der Ortschaften in den meisten Karten in albanischer Sprache angegeben. Die mehrheitlich mazedonische Bevölkerung im Gebiet verwendet jedoch die mazedonischen Namen:

albanisch	mazedonisch
Liqenas	Pustec
Gorice	Gorica
Buzliqen	Zagradec
Diellas	Shulin
Bezmisht	Kallamas

Weitere Übernachtungsmöglichkeiten findet man in der rund 45 Autominuten vom Nationalpark entfernt gelegenen Provinzhauptstadt Korca sowie im Paradiso Hotel, das an der Hauptstraße von der griechischen Grenze nach Korca, ungefähr auf Höhe des Ortes Cangonj liegt.

Die Straßen in Albanien sind heute zwar in einem wesentlich besseren Zustand als noch vor zehn Jahren, aber es gibt immer noch Abschnitte mit tiefen Schlaglöchern und viele ungeteerte Straßen, die das Reisen mühsam, zeitaufwändig und bisweilen sogar etwas gefährlich machen. Die meisten Albaner (vor allem in den ländlichen Regionen schwören sie auf möglichst alte und stabile Autos der Marke Mercedes) fahren unabhängig vom schlechten Straßenzustand sehr schnell und überholen an unübersichtlichen Stellen. In das Gebiet am Kleinen Prespa-See führen überhaupt keine geteerten Straßen.

An den Großen Prespa-See gelangt man über den Zvesde-Pass, der auf rund 1.300 Metern Höhe liegt. Hier ist mit einem inzwischen in die Jahre gekommenen Schild auch die Grenze des Nationalparks markiert. Eine schmale Teerstraße führt dann bis in die beiden Dörfer Zaroshka und Liqenas, die beide am See liegen. Einige Kilometer nach der Abzweigung in diese beiden Dörfer endete im Herbst 2008 die geteerte Straße. Bis im Herbst 2009 soll die Strecke bis an die mazedonische Grenze fertiggestellt sein, was die Autoren im Hinblick auf den kaum feststellbaren Baufortschritt allerdings bezweifeln. Besonders dieser im Bau befindliche Straßenabschnitt ist fast auf der ganzen Strecke in einem katastrophalen Zustand und erfordert daher eine sehr langsame und aufmerksame Fahrweise. Trotzdem lohnt sich die Fahrt durch den Prespa-Nationalpark, denn es bieten sich zahlreiche wunderschöne Ausblicke auf den Großen Prespa-See.

Vor einem Besuch des Albanischen Prespa-Nationalparks bietet sich die Kontaktaufnahme (auf Englisch) mit der PPNEA an, die gerne bei der Vermittlung von Unterkünften und Führern behilflich ist. Kontakt: PPNEA, email: sprespa@gmail.com

Ein ganz besonderer Anziehungspunkt ist der Große Prespa-See, dessen Wasserfläche in einigen Buchten zur Kernzone des Prespa-Nationalparks gehört. Die landwirtschaftliche Prägung des Umlands begünstigt den Aufbau eines nachhaltigen Tourismus - Chancen, die in einigen mazedonischen Ortschaften bereits mit entsprechenden Initiativen wahrgenommen werden. Aber auch auf der albanischen Seite des Sees sind in den letzten Jahren - vor allem in Gorice e Vogel, Zaroshka und Gollomboc - kleine Familienhotels und Privatunterkünfte entstanden, die naturinteressierten Besuchern Übernachtungsmöglichkeiten bieten.

Am Großen Prespa-See: Vogelparadiese und alte Stätten des Christentums

In den in Albanien gelegenen Buchten des Großen Prespa-Sees fischen Zwergscharben und Krauskopfpelikane in großer Anzahl; alleine ihre Beobachtung vom Land oder auch vom Boot aus sind schon eine Reise wert. In den Buchten von Zaroshka, Liqenas, Gollomboc, Gorice e Vogel und Kallamas kann man mit etwas Glück auch Zwergdommeln, Seidenreiher, Silberreiher und zahlreiche Limikolenarten sehen.

Sehr empfehlenswert ist eine Bootstour zu der in der Bucht von Liqenas und Zaroshka gelegenen Insel Mali Grad. Die Überfahrt mit einem kleinen Fischerboot dauert weniger als eine halbe Stunde und bietet meist phantastische Beobachtungsmöglichkeiten von Krauskopfpelikanen und Zwergscharben sowie anderen Wasservögeln vom Boot aus. Auch eine Erkundungstour auf der Insel lohnt sich, dabei sollte jedoch unbedingt Rücksicht auf die dort brütende Vogelwelt genommen werden.

Auf der Insel selbst befindet sich eine kleine Kapelle aus dem 14. Jahrhundert, die aber meist abgeschlossen ist. Die Fresken an der Außenfassade der St.-Mary-Kapelle sind leider weitgehend zerstört. Mali Grad bedeutet auf Deutsch so viel wie Kleine Stadt. Der Name geht auf eine Legende zurück, nach der sich hier im 10. Jahrhundert die Residenz der Tochter des Zaren Samuel befand.

Auf albanischem Gebiet stehen am Großen Prespa-See insgesamt vier Kapellen und Felsenkirchen, die alle aus dem 14. Jahrhundert stammen. Außer der Kapelle auf Mali Grad trifft man westlich von Kallamas, direkt an der Grenze zu Mazedonien, eine interessante Felsenkapelle. Sie heißt St.-Mary-in-der-Tiefe. Ihre Fresken sind durch Ruß leider ziemlich stark in Mitleidenschaft gezogen. Weitere Felsenkapellen aus byzantinischer Zeit findet man südlich von Gollomboc sowie an der Grenze zu Griechenland. Dort liegt die Kapelle der Erzengel Michael und Gabriel.

Besonders spektakulär ist die Felsenkapelle St.-Mary-in-der-Tiefe bei Kallamas.
Sie ist nur mit dem Boot erreichbar.

Die Insel Mali Grad ist ein Paradies für Würfelnattern.

Interessante Naturphänomene: die Schucklöcher von Zaveri

Zwischen den beiden Orten Gollomboc und Gorice e Vogel liegt Zaveri. Hier befindet sich ein wichtiger unterirdischer Abfluss aus dem Großen Prespa-See. Direkt unterhalb der Straße sind je nach Wasserstand aktive oder auch einige trocken gefallene Schucklöcher zu sehen. Deutlich erkennbar ist die starke Strömung in Richtung der Schucklöcher. Bei sehr niedrigem Wasserstand – wie etwa im Sommer 2008 – wird am seeseitigen Eingang zur Bucht ein mächtiger Steinwall sichtbar, den man bisweilen auch begehen kann. Angeblich soll hier vor langer Zeit eine Brücke über den Abfluss aus dem Großen Prespa-See in das Zaveri-Schuckloch gestanden haben. Als der Wasserspiegel dann wieder gestiegen sei, habe man die Steinpfeiler der Brücke zerstört und aus den Steinen den heute noch sichtbaren Steinwall aufgeschichtet. Diese Überlieferung (genaue / gesicherte Informationen hierüber konnten die Autoren nicht erlangen) stützt die These, dass es seit jeher starke Wasserstandsschwankungen am Großen Prespa-See gab.

Bilder: G. Schwaderer

Aufnahmen der Bucht von Zaveri aus verschiedenen Jahren zeigen deutlich den Rückgang des Wasserspiegels. Im August 2006 (linkes Bild) ist der Wasserstand wesentlich höher als im September 2008 (rechtes Bild).

Kleiner Prespa-See – Großes Natur- und Kulturerbe

Ebenfalls interessant ist eine Tour an den albanischen Teil des Kleinen Prespa-Sees. Zwar führt eine Straße von Zaroshka in Richtung Cerje und weiter nach Suec, die aber wegen ihres sehr schlechten Zustands mit einem normalen PKW kaum befahren werden kann. Den Kleinen Prespa-See mit seinen Orten Buzliqen und Suec erreicht man daher am besten über die Hauptstraße von Korca zur griechischen Grenze. Von ihr aus biegt man in Richtung des Dorfes Treni ab und folgt dann den Ausschilderungen. Trotz ungeteerter Straßen ist diese Strecke problemlos befahrbar. Die vorhandene Beschilderung weckt zunächst Hoffnungen, die dann nicht unbedingt erfüllt werden. So erfordert es zum Beispiel einigen detektivischen Spürsinn, um das Informationszentrum in Zagradec zu entdecken; es lohnt aber einen Besuch. Auch die Treni-Höhle wird zwar mit zahlreichen Schildern angekündigt, ist aber ohne ortskundige Unterstützung kaum zu finden. In dieser Höhle ist eine prähistorische Siedlung nachgewiesen worden. Heute bietet sie vor allem bedrohten Fledermausarten Heimat, darunter Große Hufeisennase (Rhinolophus ferrumequinum), Großes Mausohr (Myotis myotis), Langfuß-Fledermaus (Myotis capaccinii) und Breitflügelfledermaus (Eptesicus serotinus). Von der Straße nach Buzliqen aus gibt es einige gute Einblicke auf die offenen Wasserflächen im albanischen Teil des Kleinen Prespa-Sees, der mit seinen Uferzonen ebenfalls zur Kernzone des Prespa-Nationalparks gehört.

Bild: G. Schwaderer

Der albanische Teil des Kleiner Prespa-Sees ist durch massive Sedimenteinträge stark verlandet.

Wandern in den Trockenen Bergen

Insbesondere im Frühjahr sind Wanderungen in die Trockenen Berge (Mali e Thate) eine Augenweide, denn dann, kurz nach der Schneeschmelze, blühen die subalpinen Weiden und alpinen Matten überaus farbenprächtig. Aber auch im Sommer und frühen Herbst bieten Touren hier sehr schöne Ausblicke auf die Seenlandschaften. Leider fehlen aber markierte Wanderwege, was den steilen Aufstieg zusätzlich erschwert. Einen guten Einstieg gibt es von der albanisch-mazedonischen Grenze aus. Kurz vor dem Grenzübergang zwischen Gorice e Vogel und Stenje liegt linker Hand ein kleiner Kiosk, von dem aus ein deutlich erkennbarer Feldweg im rechten Winkel nach Westen führt. Nach kurzer Zeit erreicht man einen sich in Regeneration befindlichen Eichenwald. Der Weg durch diesen Wald schwenkt an einer kleinen Steigung deutlich nach rechts und führt dann auf eine Lichtung. Für die Strecke von der Wegbiegung bis zur Lichtung braucht man rund 20 Minuten.

Nach einigen hundert Metern weitet sich die Lichtung und man biegt nach links auf einen kleinen, bergwärts führenden Trampelpfad ab, der nach kurzer Zeit rechts wieder in bewaldete Flächen führt und dann steil bergan steigt. Ab hier sollte man sich im Zweifel immer für Abzweige

Die wenigen intakten Wälder im albanischen Prespa-Nationalpark befinden sich vor allem an den steilen Hängen des Gebirges Mali e Thate.

entscheiden, die steil bergan und nach Westen führen, denn ansonsten kann es zu einem unbeabsichtigten Grenzübertritt nach Mazedonien kommen. Nach einer guten Stunde Gehzeit führt der Weg aus dem Wald auf die offenen Flächen. Hier gibt es nun keine Wege und Pfade mehr. Man hält sich im gut zu begehenden Gelände immer steil bergan. Nur an einigen sehr steilen Passagen wird es etwas schwierig und mühsam. Nach zweieinhalb bis drei Stunden ist der erste Bergrücken mit einer Höhe von etwas mehr als 1.900 Metern erreicht. Von hier aus genießt man einen phantastischen Blick auf den buchtenreichen Großen Prespa-See. Erst von dem noch weiter im Westen liegenden Höhenzug aus, in dem sich mit dem Pllaja e Pusit der höchste Gipfel im albanischen Mali e Thate erhebt, kann man auch den Ohrid-See sehen. Zu beachten ist, dass es besonders hier in der Höhe sehr leicht zu einem Grenzübertritt nach Mazedonien kommen kann. Da es keine markierten Wege gibt, sollten die höheren Lagen nur bei absolut stabilem Wetter begangen werden, denn plötzlich aufziehende tief hängende Bewölkung kann die Orientierung sehr erschweren. Ebenfalls sehr wichtig ist, dass der komplette Wasserbedarf eines Tages mitgenommen wird, da es im Gebiet keine Wasserstellen gibt.

Es empfiehlt sich, diese Tour entweder mit einem albanischen Führer zu machen oder zumindest die albanische Grenzpolizei über das Vorhaben zu informieren, um spätere Schwierigkeiten zu vermeiden, weil man leicht ungewollt auf die andere Seite der Grenze geraten kann.

Bild: G. Schwaderer

Aus der Höhe des Mali e Thate-Gebirges eröffnen sich phantastische Ausblicke auf den Großen Prespa-See.

Nordufer des Großen Prespa-Sees – Naturschutzgebiet Ezerani

Der beste Ausgangspunkt für Erkundungen am Nordufer des Großen Prespa-Sees ist die kleine mazedonische Ortschaft Asamati. Man verlässt die Hauptstraße von Ohrid nach Bitola östlich von Resen und folgt der Straße in Richtung Süden, die am Ostufer des Großen Prespa-Sees entlangführt. Nach rund acht Kilometern biegt man rechts ab in Richtung Pretor. Der nächste Ort ist Asamati. Kurz nach der Moschee führt ein kleines Sträßchen nach rechts zur Ortsmitte. Von dort aus geht der Weg abwärts in Richtung See. Nach einem markanten Storchenhorst biegt man nach links ab bis zu einem leer stehenden öffentlichen Gebäude. Hier endet das asphaltierte Sträßchen. Ein grünes Tor markiert den Eingang zum Naturschutzgebiet Ezerani. Von hier aus führt ein Feldweg weiter, über den die Einheimischen ihre Felder erreichen. Zwar gibt es im Gebiet keine markierten Wanderwege, doch das ziemlich engmaschige Netz an Feldwegen eignet sich auch gut für naturkundliche Exkursionen. Gleich am Eingang zum Naturschutzgebiet stört eine wilde Müllkippe. Kurz dahinter sieht man den Fußballplatz von Asamati. Linker Hand stehen zwei Beobachtungstürme, die von einer mazedonischen Naturschutzorganisation mit finanzieller Unterstützung der Norwegischen Botschaft errichtet wurden. Da der Wasserspiegel des Großen Prespa-Sees in den letzten Jahren immer weiter abgesunken ist, sind die Beobachtungsmöglichkeiten von den Türmen aus leider nicht mehr ideal. Trotzdem kann man von dort mit etwas Glück noch immer interessante Arten und sogar Krauskopfpelikane sehen.

Bild: G. Schwaderer

Das Naturschutzgebiet Ezerani ist ein wichtiger Ruheplatz für Krauskopfpelikane.

Im Gelände gibt es gute Möglichkeiten, Pirol, Bienenfresser, Wiedehopf, Dorn- und Sperbergrasmücke und zahlreiche andere Vögel zu beobachten, die sich in den Ruderalflächen und Weidegebüschen aufhalten. Über dem Röhricht jagen Rauch- und Mehlschwalben.

Als Standquartier für Exkursionen in das Naturschutzgebiet Ezerani bietet sich der kleine Ort Pretor an, der südlich von Asamati direkt am See liegt. Der Tourismus in Pretor hat schon einmal bessere Zeiten gesehen, was sich an mehreren langsam verfallenden touristischen Einrichtungen sowie an einigen unvollendeten Bauten, die so in der Landschaft stehen blieben, erkennen lässt. Ein wesentlicher Grund hierfür ist sicher, dass sich der stark zurückgegangene Wasserspiegel des Prespa-Sees auf den Badetourismus wenig attraktiv auswirkt.

Bild: G. Schwaderer

In Pretor sind einige Strandbars für die Badegäste entstanden.

Bild: D. Nill

Eine der Charakterarten für Ezerani ist der Pirol.

Pelister-Nationalpark

Im mazedonischen Teil der Prespa-Region ist das Baba-Gebirge das mit Abstand am besten mit markierten Wanderwegen erschlossene Gebiet.

Ein sehr gut geeigneter Ausgangspunkt für Wanderungen ist der kleine und hübsche Ort Brajcino, in dem es auch ein relativ großes Angebot an Privatunterkünften gibt. Die Bewohner haben schon vor Jahren die Chancen eines nachhaltigen Natur- und Wandertourismus für ihr Dorf erkannt. Brajcino liegt auf ungefähr 1.000 Metern über dem Meeresspiegel und bietet auch im Hochsommer ein angenehm kühles Klima. Ein empfehlenswerter Ansprechpartner für die Buchung einer Unterkunft ist Vasil Dinevski, mit dem man sich gut in Englisch verständigen kann (vdinevski@yahoo.com oder Tel. +389 – 71 – 840 024).

Als Tagestour zwar möglich, aber recht anstrengend ist der Weg von Brajcino zum Golemo Ezero (Großer See), einem auf 2.218 Metern Höhe gelegenen Karsee, und wieder zurück.

Bilder: G. Schwaderer

Die Wälder um Brajcino sind ein wichtiger Lebensraum für Braunbären.

Der Weg ist zwar fast überall gut mit einem weißen Punkt in einem roten Kreis markiert, aber an einigen Schlüsselstellen ist dennoch größte Aufmerksamkeit angezeigt, denn manchmal sind die Markierungen nicht eindeutig und die Abstände zwischen den Markierungen teilweise auch sehr groß. Die einfache Entfernung zum Golemo Ezero wird am Einstieg des Wanderwegs in Brajcino mit 17 Kilometern angegeben und der Höhenunterschied beträgt rund 1.200 Meter. Der Weg ist aber an keiner Stelle schwierig zu gehen oder ausgesetzt. Vom Golemo Ezero aus ist der Gipfel des Pelister (2.601 Meter) in rund drei Stunden Gehzeit erreichbar. Am See steht eine kleine, zumindest in der Hauptsaison geöffnete Wanderhütte. Wie viele vergleichbare Einrichtungen in Mazedonien wird auch diese Hütte ehrenamtlich betrieben. Deshalb ist es empfehlenswert, sich vor der Wanderung zu erkundigen, ob die Hütte geöffnet ist und Plätze frei sind.

Die Wanderung, die im übrigen durch das wichtigste Bärengebiet im Baba-Gebirge führt, lohnt sich vor allem aufgrund der zahlreichen spektakulären Ausblicke auf beide Prespa-Seen. Ein fast ständiger Wegbegleiter auf dieser Strecke ist der Steinschmätzer. Ansonsten kann man mit ziemlicher Sicherheit Heckenbraunellen, Hausrotschwänze, Steinhühner und Turmfalken beobachten.

Für die Besteigung des Pelister sind als Ausgangsstationen am besten Privatquartiere im Dorf Magarevo geeignet, sowie das Hotel Molika oder die Wanderhütte Kopanki. Von der Hütte Kopanki aus muss für den Aufstieg auf den Gipfel auf dem ebenfalls mit einem weißen Punkt im roten Kreis markierten Weg mit vier bis fünf Stunden gerechnet werden. Der Gipfel selbst ist durch verschiedene Gebäude und Sendemasten leider ziemlich verschandelt und aufgrund dieser Infrastruktur zudem mit einer Straße erschlossen.

Das Pelister-Massiv ist durch zahlreiche und ausgedehnte Geröllhalden und Blockströme charakterisiert, die teilweise bis zu drei Kilometer lang und mehrere hundert Meter breit sein können.

Griechischer Prespa-Nationalpark

Sehr gute Beobachtungs- und Tourenmöglichkeiten bietet der griechische Prespa-Nationalpark. Bei der Ankunft im Gebiet sollte man das ansprechend gestaltete Informationszentrum der SPP in Agios Germanos besuchen. Die in griechischer und englischer Sprache gehaltene Ausstellung bietet einen guten Überblick über die Situation im Schutzgebiet. Für drei Euro ist hier zudem eine brauchbare Karte des Gebiets erhältlich, deren Kauf in jedem Fall lohnt. Die Karte bietet zahlreiche Anregungen für Wanderungen.

Naturschutzinformationszentrum der SPP in Agios Germanos

Von Mikrolimni zu Zwergscharben und Narzissen

Besonders empfehlenswert ist ein Rundwanderweg, der von Mikrolimni aus startet. Man verlässt den Ort auf dem in südlicher Richtung verlaufenden Weg und biegt dann nach kurzer Zeit links ab, wo ein Pfad hangaufwärts führt. Der Einstieg ist durch ein Schild mit einem Wanderer-Piktogramm markiert. Die Tour führt auf halber Höhe über dem Kleinen Prespa-See um den östlich von Mikrolimni liegenden Hügel. Von hier aus kann man zauberhafte Ausblicke auf die kleine Insel Vidronisi genießen, wo sich die wichtigste Zwergscharben-Brutkolonie im Gebiet befindet. In Richtung Südwesten öffnet sich der Blick in die fjordartige Fortsetzung des Kleinen Prespa-Sees, und auch die Grenze zu Albanien ist auszumachen, weil dort die Hangflächen viel stärker genutzt und größtenteils bereits erodiert sind.

Auf der Insel Vidronisi befindet sich die größte Zwergscharben-Brutkolonie der Region.

Die Straße nach Mikrolimni führt kurz vor dem Ort Oxia an der bedeutendsten Narzissenwiese des Gebiets vorbei, die während der Blüte im zeitigen Frühjahr einen Besuch sehr lohnenswert macht. Mit etwas Glück lässt sich in der Nähe auch das in den Hangwäldern brütende Haselhuhn beobachten.

Von Vrondero hinunter zum Kleinen Prespa-See

Nicht in der Karte als Wanderweg angegeben, aber dennoch lohnend, ist ein Ausflug von Vrondero zum Ufer des Kleinen Prespa-Sees. Da sich am See etliche landwirtschaftliche Flächen befinden, gibt es dorthin einen gut befahrbaren Feldweg, der in das südlich von Vrondero liegende Tal hinunterführt und dann gemächlich in Richtung See um rund 250 Höhenmeter abfällt. Unten am See kann man sich bis auf einige hundert Meter der Grenze zu Albanien nähern und den albanischen Ort Buzliqen erkennen. Den landwirtschaftlichen Flächen und Brachen - einem Paradies für Neuntöter und Wiedehopf - ist ein ausgedehnter Schilfgürtel vorgelagert.

Zu den Ruinen von Dhaseri

Die Karte schlägt eine Wanderung von Pyli zu den Ruinen von Dhaseri vor, allerdings wurde dieser ehemals kleine Feldweg zur Zeit der Drucklegung in eine breite Straße ausgebaut, so dass sich Fußwanderungen hier künftig wahrscheinlich nicht mehr anbieten. Entlang der gesamten Wegstrecke säumt ein breiter Röhrichtgürtel das Seeufer. Landseitig schließen sich zunächst vor allem Felder mit Bohnenanbau an. Es gibt aber auch immer noch einige kleinere Feuchtwiesen, die teilweise mit Hilfe weidender Wasserbüffel offengehalten werden. Häufiger sieht man Wasserbüffel aber am Ostufer des Kleinen Prespa-Sees, vor allem nördlich von Mikrolimni.

Der „Steinbaum" liegt an der Strecke von Pyli nach Dhaseri.

Den besten Überblick über den gesamten Kleinen Prespa-See hat man von einem Hügel namens Kale vom Ostufer aus, der zwischen den Ortschaften Lefkonas und Karyes liegt.

Bilder: G. Schwaderer

Agios Achillos – alte Kirchen und seltene Vögel
Die Insel Agios Achillos erreicht man über einen rund 500 Meter langen
Schwimmsteg. Eine kleine Wanderung bis zur Südspitze der Insel lohnt sich
nicht nur wegen der zahlreichen Kirchen, sondern auch wegen der schönen
Ausblicke auf die wesentlich kleinere Insel Vidronisi mit der wichtigsten
Zwergscharben-Brutkolonie der Region. Vom Parkplatz am Festlandufer
gelangt man auf einen linker Hand liegenden Hügel, der einen guten Blick
auf die Pelikan-Brutkolonie ermöglicht, die sich zwischen Koula und der
Insel Agios Achillos befindet. Auch außerhalb der Brutzeit nutzen viele
Krauskopfpelikane dieses Gebiet als Schlafplatz. Ab den späten Nachmit-
tagsstunden versammeln sie sich hier, und im Laufe des Vormittags verlassen sie mit zunehmender Thermik ihren Schlaf- und Ruheplatz wieder, um
in Richtung des Großen Prespa-Sees zum Fischen zu fliegen.

Ein weiterer lohnender Aussichtspunkt befindet sich an der Straße von Koula nach Psarades, kurz vor der Kirche Agios Georgios. Von hier aus kann man
die zwischen dem Kleinen und dem Großen Prespa-See hin- und herfliegen-
den Krauskopfpelikane gut beobachten. Am Parkplatz bei der Kirche beginnt
ein kleiner Rundweg durch die ältesten Wacholderhaine am Prespa-See.

Psarades – Ausgangsort für lohnende Exkursionen
Psarades liegt direkt am Großen Prespa-See und eignet sich als Ausgangspunkt für zahlreiche Touren. Vom Ort aus lassen sich Rallenreiher und
Zwergtaucher in der Bucht beobachten. Die nach Nordwesten ausgerichtete Bucht von Psarades lädt vor allem an den etwas offeneren Seeufern
mit ihren Kiesstränden zum Baden ein. Hier fällt das Ufer sehr schnell ab
und das Wasser ist wunderbar klar. An den Steilufern um Psarades befinden
sich drei kleine Felsenkirchen, von denen zwei nur mit dem Boot erreichbar
sind. Zu Fuß kann man die Einsiedelei von Methamorphosis besuchen. Man
geht von Psarades aus auf die andere Seite der Bucht, kommt an einem
größeren Hotel vorbei und folgt dann einem gut ausgebauten und auch
befahrbaren Weg. Rund 500 Meter nach dem Hotel zweigt ein Weg rechts
ab, der nach Roti, dem nördlichsten Punkt der Wanderung, führt. Nach einer kurzen Wegstrecke biegt man wieder nach links ab und gelangt so zum
Ufer und dann auch bald zu der Einsiedelei von Methamorphosis.

Die Felsenkapelle Panagia Elousa läßt sich nur mit dem Boot vonPsarades aus erreichen. Eine Bootstour frühmorgens ermöglicht interessante Tierbeobachtungen.

In Psarades werden Bootsfahrten zu den kleinen Felsenkirchen und den an die Felsen gemalten Heiligenbildern angeboten. Es ist empfehlenswert, sich einen Bootsführer zu suchen, der Englisch spricht. Gute Erfahrungen haben die Autoren mit Vasilis Arabatzis gemacht, der während der Saison in der Taverne Syntrofia an der Promenade von Psarades zu finden ist. Vasilis kennt sich auch gut mit der Vogelwelt am Prespa-See aus und weiß überhaupt viel Interessantes über Natur und Kultur an den Prespa-Seen zu erzählen. Die Taverne Syntrofia vermietet außerdem Zimmer mit einem schönen Blick auf den Prespa-See.

Tel. Hotel und Taverne Syntrofia: ++30 – 23850 46107
Tel. Vasilis Arabatzis: ++30 – 6945744657

Bilder: G. Schwaderer

Das Jablanica-Gebirge – als Nationalpark vorgeschlagen

Ein lohnendes Ziel für Naturfreunde ist das hoffentlich bald als Nationalpark ausgewiesene Jablanica-Gebirge (das mazedonische Umweltministerium hat eine entsprechende Entscheidung für die zweite Jahreshälfte 2009 angekündigt). Mehrere Wanderwege, die leider teilweise nicht markiert sind, ermöglichen es, die Region und ihre vielfältigen Lebensräume zu Fuß zu erkunden.

Als Ausgangspunkt für Touren in das Jablanica-Gebirge eignet sich der Ort Vevchani, in dem es auch Übernachtungsmöglichkeiten gibt. In Vevchani sind etliche Initiativen zur Erhaltung der traditionellen Architektur entstanden. Ein kleiner Lehrpfad weist auf die interessantesten Häuser in der kleinen Ortschaft hin. Von Vevchani aus kann man mit dem Auto in den rund 1.500 m hoch gelegenen Ferienort Gorna Belica fahren. Der Fußweg von Vevchani nach Gorna Belica ist nicht markiert und schlecht zu erkennen, da er nur selten begangen wird. In Gorna Belica parkt man am besten an dem inzwischen nicht mehr bewirtschafteten Hotel „Gorna Belica". Rechts vom Hotel führt ein Forstweg, der im ersten Abschnitt noch eine kurze Strecke mit Allradfahrzeugen befahrbar ist, in das Gebirge. Folgt man dem meist gut erkennbaren Weg, der später zu einem schmaleren Pfad wird, erreicht man nach rund 1,5 Stunden eine Hochfläche, die Krstec heißt. Hier befindet sich ein sehr interessantes Feuchtgebiet. Der Rückweg auf dem gleichen Pfad empfiehlt sich.

Bild: G. Schwaderer

Im Frühsommer ist die Hochfläche Krstec ein farbenfrohes Blütenmeer.

Noch gibt es keine Wanderkarte von dem Gebiet und auch die Wege sind bisher nur zum Teil markiert. Verlässt man die vorhandenen gut zu erkennenden Wegstrecken, ist man also auf seinen eigenen Orientierungssinn angewiesen. Um diese Situation zu verbessern, arbeitet EuroNatur mit Unterstützung der EOG Association for Conservation gemeinsam mit der MES sowie lokalen Partnern aus Struga und Vevchani an der Einrichtung eines zusammenhängenden und gut markierten Wanderwegenetzes und einer Wanderkarte, die einen Überblick über die in der Gegend möglichen Touren gibt. Langfristig ist auch ein grenzüberschreitender Wanderweg geplant, der durch Albanien und Mazedonien führen und es ermöglichen soll, die eindrucksvollen Naturlandschaften an der einst unüberwindbaren Grenze zwischen den beiden Ländern sowie eine besonders interessante Strecke entlang dem heutigen Grünen Band auf dem Balkan hautnah zu erleben.

Außerdem unterstützt die Deutsche Gesellschaft für technische Zusammenarbeit (GTZ) eine Initiative zur Markierung von vier Wanderwegen, die von den größeren Ortschaften am Fuße des Jablanica-Gebirges aus in die höheren Lagen führen. Beide Initiativen sollen aufeinander abgestimmt werden.

Lohnenswert ist ein Besuch der Quellen von Vevchani. Da es sich hier um ein bei vielen Mazedonen, insbesondere auch Schulklassen, beliebtes Ausflugsziel handelt, unternimmt man seinen Spaziergang in der „Quellanlage" am Besten am frühen Vormittag oder späten Nachmittag. Wie bei den meisten Karstquellen variiert die Schüttung der Quellen von Vevchani; im Frühsommer beträgt sie bis zu 7.000 Liter pro Sekunde.

Einen Besuch wert: die Karstquellen von Vevchani.

Bild: G. Schwaderer

Der Verein Parumba aus Struga bietet geführte Wanderungen inklusive der Anfahrt von Ohrid und Struga aus an. Leider verfügt Parumba derzeit noch nicht über eine eigene Homepage, aber in der Regel liegen in Hotels in Ohrid und Struga Informationen über die geführten Touren aus.

In Vevcani gibt es vielfältige Möglichkeiten, die traditionelle Küche der Gegend zu genießen. So etwa im Restaurant Domakinska Kuka (in der angeschlossenen Pension vermietet der Wirt auch einige Zimmer) oder im Pupin Haus, einer Mischung zwischen Restaurant und Ausstellung über den Erfinder Michael Pupin, dessen Vorfahren in Vevcani gelebt haben.

Bei einem Rundgang durch die zum Teil steilen Straßen des Ortes wird der Besucher auf zahlreiche weitere Restaurants und Cafés stoßen, die einen Besuch wert sind.

Bild: G. Schwaderer

Dorfimpression aus Vevchani

Abkürzungen

EuroNatur	Stiftung Europäisches Naturerbe und European Nature Heritage Fund
PPCC	Prespa Park Coordination Committee
PPNEA	Preservation and Protection of Natural Environment in Albania
MES	Macedonian Ecological Society
UNESCO	United Nations Educational, Scientific and Cultural Organization
UNDP	Entwicklungsprogramm der Vereinten Nationen
UNEP	Umweltprogramm der Vereinten Nationen
WWF	World Wide Fund for Nature
Kora	Koordinierte Forschungsprojekte zur Erhaltung und zum Management der Raubtiere in der Schweiz
Nina	Norwegian Institute for Nature Research
IUCN	International Union for Conservation of Nature (Weltnaturschutzorganisation)
SPP	Society for the Protection of Prespa
EOG	European Outdoor Group

IUCN-Kategorien:

Die Weltnaturschutzorganisation IUCN hat Standards für die Klassifizierung von Schutzgebieten entwickelt, die weltweit Orientierung zur Bewertung der Ziele und der Ausrichtung von Schutzgebieten gibt.

Kategorie I: Strenge Schutzgebiete, die keinerlei Nutzung zulassen

1a Strict Nature Reserve (strenges Naturschutzgebiet)

1b Wilderness Area (Wildnisreservat)

Kategorie II: National Park

Nationalpark mit einer Kernzone, die mindestens 75 % der Gesamtfläche umfasst

Kategorie III: Natural Monument (Naturmonument)

Kategorie IV: Habitat/ Species Management Area (Habitat- bzw. Artenschutzgebiet)

Kategorie V: Protected Landscape/ Protected Seascape (Geschützte Landschaft/ Geschütztes Meeresgebiet)

Kategorie VI: Protected Area with Sustainable Use of Natural Resources (Schutzgebiet mit nachhaltiger Nutzung natürlicher Ressourcen)

Grundsätzliche Anmerkung:

Die Namen der NGOs in der Region werden in diesem Buch in ihrer englischen Form verwendet. Alle genannten Organisationen arbeiten über Grenzen hinweg, und für diesen Zweck haben sie auch alle einen englischen Namen. Deutsche Übersetzungen der Namen existieren in der Regel nicht. Daher ist die englische Bezeichnung für die Identifizierung der Organisationen im Internet oder für die Kontaktaufnahme bei Besuchen in den jeweiligen Ländern am besten geeignet.

Hilfreiche Links im Internet:

Informationen über EuroNatur
http://www.euronatur.org

Informationen zum grenzüberschreitenden Prespa-Park
http://www.medwet.org/prespa/index.html

Society for the Protection of Prespa
http://www.spp.gr/default.asp

Macedonian Ecological Society
http://www.mes.org.mk/

Nationales Tourismusportal von Mazedonien;
bietet nützliche Informationen bei der Planung einer Reise in die Region
http://www.exploringmacedonia.com/

Nationales Tourismusportal von Albanien;
bietet nützliche Informationen bei der Planung einer Reise in die Region
http://www.albaniantourism.com/

Webseite des Galicica Nationalparks
http://www.galicica.org.mk/

Umweltministerium Mazedonien
http://www.moepp.gov.mk/default-en.asp

Umweltministerium Albanien
http://www.moe.gov.al/

Trilateraler Prespa Park
http://www.prespapark.org

Artenverzeichnis

Pflanzen

Adlerfarn (Pteridium aquilinum) 72, 74
Ähriges Tausendblatt (Myriophyllum spicatum) 68
Albanische Lilie (Lilium albanicum) 84
Alpenaster (Aster alpinus) 79
Alpenfrauenmantel (Alchemilla alpina) 79
Alpengänsekresse (Arabis alpina) 79
Alpensteinquendel (Acinos alpinus) 81
Alpenweidenröschen (Epilobium alpinum) 80
Alyssum corymbosum 81
Anthemis pindicola 81
Arabis caucasica 81
Astragalus acutifolius 85
Astragalus depressus 81
Asyneuma limonifolium 91
Aufrechte Trespe (Bromus erectus) 81
Balkan-Anemone (Anemone blanda) 71
Bergahorn (Acer platanoides) 71
Bibernelle (Pimpinella tragium ssp. Lithopyhlla) 82
Birngrün (Orthilia secunda) 75
Blasenstrauch (Colutea arborescens) 71
Blumenesche (Fraxinus ornus) 70 f., 74
Blutwurz (Potentilla erecta) 75, 79
Borstgras (Nardus stricta) 79
Buchs (Buxus sempervirens) 70 f.
Bulgarische Tanne (Abies borisii-regis) 74 f.
Buntes Reitgras (Calamagrostis varia) 79
Büschelglockenblume (Edraianthus grami-
nifolius) 81
Chalzedonische Lilie (Lilium chalcedonicum) 84
Cirsium erisithalis 84
Crocus cvijicii 200
Dianthus minutifolius 81
Durchwachsendes Laichkraut (Potamogetum
perfoliatus) 68
Efeublättrigem Alpenveilchen (Cyclamen
neapolitanum) 71

Elsbeere (Sorbus torminalis) 71
Esskastanie/Edelkastanie (Castanea sativa) 73 f.
Färberginster (Genista tinctoria) 81 f.
Federgras (Stipa pulcherrima) 79
Feldahorn (Acer campestre) 70
Feldhainsimse (Luzula campestris) 82
Felsenahorn (Acer monspessulanum) 71
Felsenblümchen (Draba athoa) 82
Fiederzwenke (Brachypodium pinnatum) 81
Flaumeiche (Quercus pubescens) 70 f.
Froschlöffel (Alisma plantago-aquatica) 67
Galicica-Flockenblume (Centaurea galicicae) 50, 83
Galicica-Hauswurz (Sempervivum galicicum) 83
Galicica-Nelke (Dianthus galicicae) 50, 83
Galicica-Schwingel (Festuca galicicae) 83
Galicica-Steinkraut (Alyssum galicicae) 83
Gebirgshahnenfuß (Ranunculus oreophilus
ssp. balcanicus) 82
Geflecktes Knabenkraut (Dactylorhiza maculata) 200
Geißraute (Galega officinalis) 67
Gelbe Teichrose (Nuphar lutea) 67, 190
Gemeine Esche (Fraxinus excelsior) 71
Gemeiner Wacholder (Juniperus communis) 72, 79
Gewöhnliche Kreuzblume (Polygala vulgaris) 82
Gewöhnliche Teichbinse (Scirpus lacustris) 190
Glänzendes Laichkraut (Potamogeton lucens) 68
Grannenmaier (Asperula aristata ssp. Scabra) 82
Grauer Alpendost (Adenostyles alliariae) 80
Griechischer Tanne (Abies cephalonica) 74
Griechischer Wacholder (Juniperus excelsa) 83,
192, 235
Großer Wiesenknopf (Sanguisorba officinalis) 75
Grünblütiger Fingerhut (Digitalis viridiflora) 74
Hängebirke (Betula pendula) 192
Haselnuss (Corylus avellana) 72
Heidelbeere (Vaccinium myrtillus) 79
Hellerkraut (Thlaspi kovatsii) 82
Hieracium heteromixtum 84

Hopfenbuche (Ostrya carpinifolia) 70

Hoppes Habichstkraut (Hieracium hoppeanum) 82

Hundsrose (Rosa canina) 72

Hundszahn (Erythronium dens-canis) 75

Jablanica-Nelke (Dianthus jablanicensis) 84

Kammlaichkraut (Potamogeton pectinatus) 68

Karthäusernelke (Dianthus carthusianorum) 81

Kleines Habichtskraut (Hieracium pilosella) 81

Kleines Nixenkraut (Najas major) 68

Kornelkirsche (Cornus mas) 71 f.

Krauses Laichkraut (Potamogeton crispus) 68

Lanzenschildfarn (Polystichum lonchitis) 75

Lerchensporn (Corydalis ochroleuca) 85

Madonnenlilie (Lilium candidum) 85

Mandelblättrige Birne (Pyrus amygdaliformis) 70

Mandelblättrige Wolfsmilch (Euphorbia amygdaloides) 75

Mazedonische Schachbrettblume (Fritillaria macedonica) 84

Mazedonischen Kiefer/Molika-Kiefer (Pinus peuce) 77, 186, 199

Meerträubel (Ephedra campylopoda) 85

Nesselblättrige Glockenblume (Campanula trachelium) 74

Ohrid-Berglaserkraut (Laserpitium orchidanum) 83

Orangerote Nelkenwurz (Geum coccineum) 77

Orient-Weißbuche (Carpinus orientalis) 70 f.

Prespa-Flockenblume (Centaurea prespana) 50, 192

Prespa-Kugeldistel (Echinops bannaticus ssp. prespaensis) 83

Raue Armleuchteralge (Chara aspera) 69

Raues Hornblatt (Ceratophyllum demersum) 68

Rohrkolben (Typha latifolia, T. angustifolia) 67, 190

Rotbuche (Fagus sylvatica) 74, 76

Rotes Waldvögelein (Cephalanthera rubra) 79

Ruchgras (Anthoxanthum odoratum) 79

Schaumkraut (Cardamine spec.) 80

Schildfarn (Polystichum aculeatum) 77

Schilfrohr (Phragmites australis) 67, 190

Schlangenhautkiefer/Lorica-Kiefer (Pinus heldreichii; P. leucodermis) 76 f.

Schlehe (Prunus spinosa) 70

Schmalblättriges Biarum (Biarum tenuifolium) 85

Schneeballblättriger Ahorn (Acer obtusatum) 71, 74

Schneeglöckchen (Galanthus nivalis) 85, 190

Schwarzrandige Schafgarbe (Achillea atrata) 79

Schwingel (Festuca sp.) 79

Schwingel (Festucopsis serpentini) 77

Seekanne (Nymphoides peltata) 67, 190

Seerose (Nymphaea alba) 190

Segge (Carex laevis) 82

Silberhornkraut (Cerastium tomentosum) 81

Silberlinde (Tilia argentea) 74

Soldanella dimoniei 84

Stechwacholder (Juniperus oxycedrus) 70

Steifhaarige Armleuchteralge (Chara hispida) 69

Stinkwacholder (Juniperus foetidissima) 70, 192, 235

Strauchiger Jasmin (Jasminum fruticans) 71

Strauchkronwicke (Coronilla emeroides) 71

Sumpfkratzdistel (Cirsium palustre) 80

Sumpfteichfaden (Zannichellia palustris) 68

Teichsimse (Scirpus lacustris) 67

Tragant (Astragalus acutifolius) 85

Traubeneiche (Quercus petraea) 71, 74

Traubensteinbrech (Saxifraga paniculata) 77

Trojanische Eiche (Quercus trojana) 70, 83

Turiner Waldmeister (Galium taurinum) 75

Pflanzen

Verwachsenfrüchtige Glanzleuchteralge (Nitella syncarpa) 69
Waldbingelkraut (Mercurialis perennis) 75
Waldgeißbart (Aruncus dioicus) 75
Waldhabichtskraut (Hieracium sylvaticum) 74
Waldmeister (Galium odoratum) 75
Waldzwenke (Brachypodium sylvaticum) 75, 81
Wassernuss (Trapa natans) 68, 190
Wasserschraube (Vallisneria spiralis) 68 f.
Wasserschwertlilie (Iris pseudacorus) 190
Weißdorn (Crataegus monogyna) 72
Weiße Narzisse/Dichternarzisse (Narcissus poeticus spp. poeticus) 84 f., 192, 233
Weiße Seerose (Nymphaea alba) 67
Weißer Germer (Veratrum album) 80
Weißklee (Trifolium repens) 81
Weißtanne (Abies alba) 74, 199
Wiesenschlüsselblume (Primula veris) 75
Wiesenschlüsselblume (Primula veris ssp. columnae) 82
Wundklee (Anthyllis vulneraria ssp. puchella) 82
Wurmfarn (Dryopteris filix-mas) 75
Zerbrechliche Armleuchteralge (Chara fragilis) 69
Zerreiche (Quercus cerris) 71
Ziest (Stachys tymphaea) 82
Zwergaugentrost (Euphrasia minima) 82
Zwergginster (Chamaecytisus polytrichus) 79
Zwergstorchschnabel (Geranium cinereum) 81
Zwiebelzahnwurz (Dentaria bulbifera) 75 f.

Heilpflanzen

Bergtee (Sideritis raeseri) 85 ff., 207
Diptam (Dictamnus alba) 87
Echtes Johanniskraut/Tüpfel-Hartheu (Hypericum perforatum) 86
Kamille (Matricaria recutita) 87
Minze (Mentha sp.) 87
Oregano (Origanum vulgare) 86
Salbei (Salvia ringens) 86
Salbei (Salvia sclarea) 86
Salbei (Salvia verticillata) 86
Thymian (Thymus cherlerioides) 81, 86
Thymian (Thymus longicaulis) 81, 86

Amphibien

Alpen-Kammmolch (Triturus carnifex; Unterart macedonicus) 110, 201
Balkanwasserfrosch (Rana balcanica) 113
Bergmolchs (Triturus alpestris) 109, 201
Erdkröte (Bufo bufo) 111
Feuersalamander (Salamandra salamandra) 46 f., 109
Gelbbauchunke (Bombina variegata; Unterart scabra) 110, 201
Griechischer Frosch (Rana graeca) 113
Kammmolch (Triturus cristatus) 109 f.
Laubfrosch (Hyla arborea) 112
Springfrosch (Rana dalmatina) 112
Syrische Schaufelkröte (Pelobates syriacus; Unterart balcanicus) 47, 111, 201
Teichmolch (Triturus vulgaris) 110
Wechselkröte (Bufo viridis) 47, 111

Fische

Albanische Plötze/Moranec (Pachychilon pictum) 48, 128
Belvica (Acantholingua; Salmothymus ohridana; Salmo ohridanus) 127 f.
Döbel (Leuciscus cephalus) 128
Europäischer Aal (Anguilla anguilla) 128, 129
Karpfen (Cyprinus carpio) 128, 151, 153, 189
Nase (Chondostroma nasus) 128
Ohrid-Forelle (Salmo letnica) 9, 46, 48 f., 127 f., 150 f.
Ohrid-Rotauge (Rutilus rubilio ohridanus) 128
Prespa-Bachforelle (Salmo peristericus) 9, 49, 129, 188, 190
Prespa-Barbe (Barbus prespensis) 9, 49, 128 f., 153, 190
Prespa-Döbel (Squalius prespensis) 49, 129
Prespa-Elritze (Pelasgus prespensis) 49, 129
Prespa-Nase (Chondostroma prespense) 9, 49, 128 f., 153

Prespa-Ukelei (Alburnus belvica) 49, 129
Prespa-Rotauge (Rutilus prespensis) 49, 129
Prespa-Schneider (Alburnoides prespensis) 49, 128 f.
Regenbogenforelle (Oncorhynchus mykiss) 128
Steinbeißer (Cobitis taenia meriodionalis) 129
Ukelei/Laube (Alburnus alburnus alborella) 128, 151

Fledermäuse

Alpenfledermaus (Hysugo/Pipistrellus savii) 107, 200
Blasius-Hufeisennase (Rhinolophus blasii) 103
Braunes Langohr (Plecotus auritus) 107
Breitflügelfledermaus (Eptesicus serotinus) 107, 222
Europäische Bulldoggfledermaus (Tadarida teniotis) 10, 104
Fransenfledermaus (Myotis natteri) 10, 99
Große Hufeisennase (Rhinolophus ferrumequinum) 101 f., 223
Großer Abendsegler (Nyctalus noctula) 10, 99
Großes Mausohr (Myotis myotis) 107, 200, 222
Kleine Bartfledermaus (Myotis mystacinus) 107, 200
Kleine Hufeisennase (Rhinolophus hipposideros) 101 f.
Kleiner Abendsegler (Nyctalus leisleri) 10, 99 f.
Kleines Mausohr (Myotis blythi) 103, 107, 200
Langflügelfledermaus (Miniopterus schreibersi) 103, 107
Langfußfledermaus (Myotis capaccini) 106, 222
Mehely-Hufeisennase (Rhinolophus mehelyi) 101, 103
Mittelmeer-Hufeisennase (Rhinolophus euryale) 101 ff.
Rauhhautfledermaus (Pipistrellus nathusii) 107
Riesenabendsegler (Nyctalus lasiopterus) 100
Wasserfledermaus (Myotis daubentoni) 105 f.
Weißrandfledermaus (Pipistrellus kuhli) 107
Wimpernfledermaus (Myotis emarginatus) 107
Zweifarbfledermaus (Vespertilio murinus) 104 f.

Libellen

Blaue Federlibelle (Platycnemis pennipes) 131
Gemeine Keiljungfer (Gomphus vulgatissimus) 131
Hufeisenazurjungfer (Coenagrion pulchellum) 131
Königslibelle (Anax imperator) 131

Reptilien

Ägäische Mauereidechse (Podarcis erhardii) 118, 201
Äskulapnatter (Elaphe longissima) 123
Balkan-Zauneidechse (Lacerta agilis bosnica) 117 f., 201
Europäische Hornotter/Sandviper (Vipera ammodytes) 47, 120
Europäische Sumpfschildkröte (Emys orbicularis hellenica) 47, 114 f., 201
Griechischen Landschildkröte (Testudo hermanii; Unterart boettgeri) 47, 115 f., 201
Griechischen Sumpfschildkröte (Emys orbicularis hellenica) 114 f.
Johannisechse (Ablepharus kitaibelli; Unterart stepaneki) 115, 201
Kreuzotter (Viper berus; Unterart bosniensis) 47, 108, 119 f., 123, 201
Mauereidechse (Podarcis muralis) 118
Östliche Smaragdeidechse (Lacerta viridis) 117
Pfeilnatter (Coluber jugularis) 121 f.
Prachtkieleidechse (Algyroides nigropunctatus) 117
Riesensmaragdeidechse (Lacerta trilineata) 118
Ringelnatter (Natrix natrix) 47, 121
Schlanknatter (Coluber najadum) 122
Schlingnatter/Glattnatter (Coronella austriaca) 122 f.
Taurische Eidechse (Podarcis taurica) 118
Vierstreifennatter (Elaphe quatuorlineata) 124
Würfelnatter (Natrix tesselata) 45, 121, 124 f., 223

Säugetiere

Balkangämse (Rupicapra rupicapra balcanica) 10, 46, 92, 187, 200, 203
Balkanluchs (Lynx lynx martinoi) 10, 46, 90 ff., 96 f., 174, 187, 200, 203 ff.
Baummarder (Martes martes) 97
Braunbär (Ursus arctos) 10, 46, 93, 95 ff., 174, 187 f., 200, 203, 231
Dachs (Meles meles) 97
Europäischer Iltis (Mustela putorius) 97
Feldhase (Lepus europaeus) 92
Feldmaus (Microtus arvalis) 98, 122
Felsenmaus (Apodemus mystacinus) 98
Fischotter (Lutra lutra) 46 f., 97
Fuchs (Vulpes vulpes) 97
Gelbhalsmaus (Apodemus flavicollis) 98
Haselmaus (Muscardinus avellanarius) 98
Martino-Schneemaus (Dinaromys bogdanovi) 98
Mauswiesel (Mustela nivalis) 97
Reh (Capreolus capreolus) 92, 187, 203
Rothirsch (Cervus elaphus) 93, 203
Siebenschläfer (Myoxus glis) 98
Waldmaus (Apodemus sylvatica) 98
Wildkatze (Felix sylvestris) 90, 200
Wildschwein (Sus scrofa) 93
Wolf (Canis lupus) 10, 46, 90, 93 ff., 96 f., 174, 200, 203

Vögel

Bartgeier (Gypaetus barbatus) 144
Blässhuhn (Fulica atra) 47, 132, 141
Bienenfresser (Merops apiaster) 223
Blaumeise (Parus caeruleus) 145
Blutspecht (Dendrocopos syriacus) 143, 201
Brauner Sichler (Plegadis falcinellus) 189, 193 f.
Buchfink (Fringilla coelebs) 145
Buntspecht (Dendrocopos major) 143, 201
Dorngrasmücke (Sylvia communis) 223

Eisvogel (Alcedo atthis) 142
Gänsegeier (Gyps fulvus) 144, 201
Gänsesäger (Mergus merganser) 9, 141
Graureiher (Ardea cinerea) 143
Grünspecht (Picus viridis) 143, 201
Habicht (Accipiter gentiles) 144
Haselhuh (Tetrastes bonasia) 233
Haubentaucher (Podiceps cristatus) 138
Hausrotschwanz (Phoenicurus ochruros) 145, 231
Heckenbraunelle (Prunella modularis) 231
Kohlmeise (P. major) 145
Kolbenente (Netta rufina) 9, 141
Kormoran (Phalacrocorax carbo) 137
Krauskopfpelikan (Pelecanus crispus) 9, 45, 132 ff., 169, 171, 190 f., 222, 228, 235
Krickente (Anas crecca) 139
Lappentaucher (Podicipedidae) 138
Löffelente (Anas clypeata) 140
Löffler (Platalea leucorodia) 189, 192
Mauerläufer (Tichodroma muraria) 188
Mäusebussard (Buteo buteo) 144
Moorente (Aythya nyroca) 9, 137, 141, 170
Nachtreiher (Nycticorax nycticorax) 142
Neuntöter (Lanius collurio) 233
Ohrentaucher (Podiceps auritus) 138
Pfeifente (Anas penelope) 139
Pirol (Oriolus oriolus) 229
Prachttaucher (Gavia arctica) 138
Rallenreiher (Ardeola ralloides) 142, 191, 235
Reiherente (Anas fuligula) 141
Rötelfalke (Falco naumanni) 144 f.
Rohrdommel (Botaurus stellaris) 193 f.
Rosapelikan (Pelecanus onocrotalus) 9, 133 ff., 191
Rothalstaucher (Podiceps grisegena) 138

Schelladler (Aquila clanga) 144
Schellente (Bucephala clangula) 141
Schlangenadler (Circaetus gallicus) 144, 201
Schmutzgeier (Neophron percnopterus) 144, 193
Schnatterente (Anas strepera) 140
Schwarzhalstaucher (Podiceps nigricollis) 138
Schwarzspecht (Dryocopus martius) 143, 201
Schwarzstorch (Ciconia nigra) 144
Seeadler (Haliaeetus albicilla) 9
Seidenreiher (Egretta garzetta) 142, 191
Silberreiher (Egretta alba) 142
Sperber (Accipiter nisus) 144
Sperbergrasmücke (Sylvia nisoria) 223
Spießente (Anas acuta) 139
Steinadler (Aquila chrysaetos) 144, 188, 201
Steinhuhn (Alectoris graeca) 188, 231
Steinschmätzer (Oenanthe oenanthe) 188, 231
Stockente (Anas platyrhynchos) 139
Tafelente (Anas ferina) 141
Teichralle (Gallinula chloropus) 141
Turmfalke (Falco tinnunculus) 144, 231
Uferschwalbe (Riparia riparia) 190
Uhu (Bubo bubo) 144
Waldkauz (Strix aluco) 144
Waldohreule (Asio otus) 144
Wanderfalke (Falco peregrinus) 144
Weißrückenspecht (Dendrocopos leucotos) 143, 201
Wiedehopf (Upupa epops) 229, 233
Zwergohreule (Otus scops) 188
Zwergsäger (Merganser albellus) 141
Zwergscharbe (Phalacrocorax pygmaeus) 9, 44 f., 137, 191, 222, 232 f., 235
Zwergtaucher (Tachybaptus ruficollis) 9, 138, 191, 235

Schlagwortregister

Alpine Vegetationsstufe 78 f., 82

Armleuchteralgen 68 f.

Biodiversität 45

Blockstrom 187, 231

Charawiesen 69

Deckschicht / Epilimnion 29

Eichenwälder 70,f., 199

Endemismus 48 ff.

Endemiten 9, 48 ff., 50, 81 ff., 90, 114, 126 ff., 173, 179, 192, 200 f.

Lokal-Endemiten 50, 82, 126, 173

Esskastanienwälder 73 f., 78

FFH-Richtlinie 92

Flachwasserzone 151, 168

Gebirgsbildung 18

Gemmula 126

Grünes Band Europas 196 ff., 238

Heilpflanzen 85 ff., 207

Herdenschutzhund 93 f.

Karseen 19, 23, 230 f., 198

Karstlandschaft 16 ff., 21, 38, 172, 198, 217

Karstpolje 17

Karstquellen 8, 25, 238

Kehlsack (Pelikan) 132

Montane Vegetationsstufe 78

Phosphor-Belastung 40 ff.

Ramsar-Konvention 132 ff., 167 f., 185, 194

Röhricht 67, 189 f., 234

Sarplaninac 93 f.

Schluckloch (Ponor) 21, 30 32, 38, 172, 224

Schneiteln 72, 161

Schwemmfächer 23, 33

Schwimmpflanzengesellschaft 67 ff., 190

Secchi-Scheibe 27

See-Zirkulation 28 ff.

Sibljak 72

Sonderstandorte 82

Subalpine Vegetationsstufe 78 f.

Süßwasserschwamm 126

Tektonischer See 20

Thermokline 26, 28 f.

Tiefenwasser / Hypolimnion 26

Tracer-Untersuchung 32

Überwinterungsgebiet 45, 132, 168

Waldgesellschaften 71 ff.

Wassereinzugsgebiet 26, 28, 30 ff., 148 f. 195

Wasserstandsrückgang 28, 36 ff., 169 ff., 194, 228 f.

Wasserstandsschwankungen 24 f., 36 ff., 67, 224

Wasservogelzählung 45, 132

Xerophyten 79

Zuchtprogramm (Ohrid-Forelle) 127 f.

Zugvögel 45, 132, 168

Ortsverzeichnis

Agios Achillos 25, 190, 235
Agios Germanos 33, 85, 190, 232
Asamati 228 f.
Baba-Gebirge 19, 21, 187, 230 f.
Balkan-Halbinsel 14 ff., 50, 150
Brajcino 166, 187 ff., 208, 230 f.
Devolli 156 ff.
Dhaseri 234
Drilon-Quellen 32, 212
Ezerani 137, 168 ff., 228 ff.
Golem Grad 25, 85, 167, 175, 218
Gollomboc 38, 68, 97, 166, 179, 207, 219, 221 f.
Gorice e Vogel 38, 68, 116, 134, 166, 219, 221 f., 226 f.
Kallamas 68, 97, 222 f.
Korca-Ebene 37, 155, 220, 225
Liqenas 97, 221 f.
Mali Grad 25, 42, 51, 118, 134, 167, 177, 222 f.
Mali e Thate 21, 23, 32, 34, 66, 78 ff., 87, 90, 98, 116, 119, 143, 177 ff.
Maliq-Ebene 37, 67, 156 ff
Ohrid (Stadt) 10, 54 ff., 148, 212, 218
Pelister 21, 186 ff., 231
Pogradec 34, 74, 165 f., 212
Psarades 37, 189, 192, 235 f.
Pretor 37, 134, 166, 212, 229
Resen 57, 166, 168, 218, 228
Sateska 30 f.
Schwarzer Drin 24, 31
Schwarzer-Drin-Quellen 175, 214 ff.
St. Jovan, Ohrid 55, 59
Struga 24, 59, 212, 239
Suva Gora 217
Sveti Naum 32, 54, 142, 173, 175, 212, 214 ff.
Sveta Sofia 56
Treni-Höhle 225
Vevchani 34, 237 ff.
Vevchani-Quellen 25, 238
Vidronisi 25, 44, 191, 232 f., 235
Zagradec 225
Zaroshka 97, 134, 166, 219, 221 f., 225
Zaveri 38, 224
Zvesde-Pass 162, 221

Literaturverzeichnis

Basler, E. et al.,1995. Feasibility Study on the Lake Ohrid Conservation Project. Zollikon.

Bego, F., B. Kullolli, S. Shumka, 2006. Balkan Green Belt Program EuroNatur – PPNEA – MES. Biodiversity Values and Conservation of Jablanica-Shebeniku Area. 70 Seiten. Unveröffentlicht.

Buzo, K., 2000. Data on the flora and vegetation of the subalpine and alpine pastures of the Prespa region. In: Grupche, L. u. Kungulovski G. (Hrsg.). Proceedings of the International Symposium "Sustainable Development of the Prespa Region". Oteshevo. Macedonian Ecological Society. Skopje: 88-93.

Breitenmoser, U., C. Breitenmoser-Würsten, 2008. Der Luchs. Ein Grossraubtier in der Kulturlandschaft. Salm Verlag, Wohlen, Bern.

Catsadorakis, G., M. Malakou and A.J. Crivelli, 1996. The Prespa Barbel, Barbus prespensis, Karaman 1924, in the Prespa lakes basin, north-western Greece. Tour du Valat, Arles.

Catsadorakis, G., 1997. Breeding birds from reedbeds to alpine meadows. In: Crivelli, A.J. und G. Catsadorakis (Hrsg.), 1997. Lake Prespa, Northwestern Greece. Hydrobiologia 351: 143-155.

Catsadorakis, G., 1997. The importance of Prespa National Park for breeding and wintering birds. In: Crivelli, A.J. und G. Catsadorakis (Hrsg.), 1997. Lake Prespa, Northwestern Greece. Hydrobiologia 351: 157-174.

Catsadorakis, G., M. Malakou, 1997. Conservation and management issues of Prespa National Park. In: Crivelli, A.J. und G. Catsadorakis (Hrsg.), 1997. Lake Prespa, Northwestern Greece. Hydrobiologia 351: 175-196.

Catsadorakis, G., 1999. Prespa. A story for man and nature. Athen. Society for the Protection of Prespa.

Crivelli, A.J., G. Catsadorakis, M. Malakou und E. Rosecchi, 1997. Fish und fisheries of the Prespa lakes. In: Crivelli, A.J. und G. Catsadorakis (Hrsg.), 1997. Lake Prespa, Northwestern Greece. Hydrobiologia 351: 107-125.

Diercke Weltatlas, 2008. Westermann, Braunschweig: 124-125.

Eftimi, R., J. Zoto, 1997. Isotope study of the connection of Ohrid and Prespa lakes. In: PPNEA 1997. Towards Integrated Conservation and Sustainable Development of Transboundary Macro and Micro Prespa Lakes. Proceedings of the International Symposium in Korca.

Fremuth, W., 2001. Zusammenfassende Darstellung 1996 – 2000 über die Aktivitäten des Projektes „Institutionenförderung in Albanien zur umweltgerechten Gebietsentwicklung zum Schutz der großen grenzüberschreitenden Seen (Ohrid, Großer Prespa und Kleiner Prespa). Rheinbach. Bericht im Auftrag der gtz. Unveröffentlicht.

Fremuth, W. et al., 2000. Albania. Guide to it's Natural Treasures. Verlag Herwig Klemp, Hatten.

Fremuth, W., L. Gjiknuri, S. Shumka, A. Schopp-Guth, 2008. Der Prespa-Nationalpark in Albanien. Eckstein des „Green Belt of Europe" auf dem Balkan. Natur und Landschaft. 83. Jahrgang (2008), Heft 8: 345 - 355.

Fremuth, W., A. Schopp-Guth, P. Hoda, M. Mersinllari, L. Dinga, 1999. Assessment of the Sustainable Use of Medicinal Plants from the Prespa and Ohrid Region. ECAT Tirana. 67 S.

Fremuth, W., 2000. The Balkan Green Belt. An Ecological Network of Protected Sites on the Balkan Peninsula as a Contribution to a Pan-European Network of Protected Sites. In: Grupche, L. u. Kungulovski G. (Hrsg.): Proceedings of the International Symposium "Sustainable Development of the Prespa region". Oteshevo. Macedonian Ecological Society. Skopje: 388-393.

Fremuth W. et al., 2000. Four Year of Simultaneous Census of Wintering Waterfowl on the Ohrid and Prespa Lakes. In: Grupche, L. u. Kungulovski G. (Hrsg.): Proceedings of the International Symposium "Sustainable Development of the Prespa region". Oteshevo. Macedonian Ecological Society. Skopje: 30-39.

Horvat, I. et al. Vegetation Südosteuropas, 1974. Gustav Fischer Verlag, Stuttgart.

Klincarov, S., 1997. Geological-hydrogeological characteristics of Prespa basin and their influence on the hydrological conditions of the lake. In: PPNEA. 1997. Towards Integrated Conservation and Sustainable Development of Transboundary Macro and Micro Prespa Lakes. Proceedings of the International Symposium in Korca.

Kunz, M., 2006. The Karst Springs of Lake Ohrid. Zürich.

Löffler, H. et al., 1998. Lake Prespa, a European natural monument, endangered by irrigation and eutrophication? In: Hydrobiologia 384: 69-74.

Macedonian Ecological Society, 2006. Balkan Green Belt as ecological corridor for bear, wolf and lynx. Case study Jablanica-Mali e shebenikut. Part Jablanica. Skopje. Unpublished report.

Matzinger, A., 2006. Is Anthropogenic Nutrient Input Jeopardizing Unique Lake Ohrid? – Mass Flux Analysis and Management Consequences. Dissertation. Zürich.

Matzinger, A. et al., 2006. Is Lake Prespa jeopardizing the ecosystem of ancient Lake Ohrid? Hydrobiologia 553: 89 – 109.

Mersinllari, M., 2000. Data on aquatic flora and vegetation of Prespa National Park. In: Grupche, L. u. Kungulovski G. (Hrsg.): Proceedings of the International Symposium "Sustainable Development of the Prespa region". Oteshevo. Macedonian Ecological Society. Skopje: 16-23.

Micevski, K., 1985 – 2004. Flora of Macedonia, Vol. 1 - 6.

Ndarurinze, R., 2008. Albanien entdecken. Auf den Spuren Skanderbegs. Trescher Verlag, Berlin. 2. aktualisierte und erweiterte Auflage.

Oppeln, P. von, 2005. Makedonien entdecken. Unterwegs auf dem südlichen Balkan. Trescher Verlag, Berlin.

Pavlides, G., 1997. The flora of Prespa National Park with emphasis on species of conservation interest. In: Crivelli, A.J. und G. Catsadorakis (Hrsg.), 1997. Lake Prespa, Northwestern Greece. Hydrobiologia 351: 35-40.

Pavlides, G., 1997. Aquatic and terrestrial vegetation of the Prespa area. In: Crivelli, A.J. und G. Catsadorakis (Hrsg.), 1997. Lake Prespa, Northwestern Greece. Hydrobiologia 351: 41-60.

Polunin, O., 1987. Flowers of Greece and the Balkans: a field guide. Oxford University Press. Oxford - New York.

PPNEA, 1997. Towards Integrated Conservation and Sustainable Development of Transboundary Macro and Micro Prespa Lakes. Proceedings of the International Symposium in Korca.

Rizovski R.; L. Grupche, J. Rozovska-Atanasovksa, 1997. Vegetation and its importance for the protection of Prespa Region. In: Grupche, L. u. Kungulovski G. (Hrsg.): Proceedings of the International Symposium "Sustainable Development of the Prespa region". Oteshevo. Macedonian Ecological Society. Skopje: 142-146.

Schneider-Jacoby, M., G. Schwaderer, W. Fremuth, 2006. The South-Eastern European Green Belt. In: Terry, A., K. Ullrich, U. Riecken, 2006. The Green Belt of Europe: From Vision to Reality. IUCN, Gland.

Schwaderer, G., A. Spangenberg, U. Riecken, 2009. Grünes Band Balkan als ökologischer Korridor für Bär, Wolf und Luchs. Natur und Landschaft. 84. Jahrgang (2009), Heft 6: 288 - 290.

Schwoerbel, J., 1987. Einführung in die Limnologie. 6. überarb. Auflage. Gustav Fischer Verlag, Stuttgart.

Shumka, S., I. Wilson, S. Grazhdani, 2006. How to plan sustainable fishery when environmental goals conflict with existing practices in a trans-boundary protected area.

Society for the Protection of Prespa / SPP; WWF Greece; Protection and Preservation of Natural Environment in Albania / PPNEA u. Macedonian Alliance for Prespa / MAP, 2004. Strategic Action Plan for the Development of the Prespa Park. Executive Summary. Aghios Germanos, Greece.

Society for the Protection of Prespa (SPP), 2007. Executive Summary. LIFE 2002 NAT/GR/8494: Conservation of priority bird species in lake Mikri Prespa, Greece.

Society for the Protection of Prespa (SPP). Prespa. Western Macedonia. Guide and Map 1:50.000. Anavasi, Mountain Editions, Athen.

Spangenberg, A., G. Schwaderer, 2007. Grünes Band Balkan als ökologischer Korridor für Bär, Wolf und Luchs. Abschlussbericht für ein vom Bundesamt für Naturschutz gefördertes Projekt. Unveröffentlicht.

Terry, A., K. Ullrich, U. Riecken, 2006. The Green Belt of Europe: From Vision to Reality. IUCN, Gland.

Wagner, B. et al., 2008. The potential of Lake Ohrid for long-term palaeoenvironmental reconstructions. Palaeogeography, Palaeoclimatology, Palaeoecology 259: 341–356.

Watzin, M.C., V. Puka, T.B. Naumoski (eds.), 2002. Lake Ohrid and its Watershed, State of the Environment Report. Lake Ohrid Conservation Project. Tirana, Albania and Ohrid Macedonia.

Wüest, A., A. Matzinger, 2006. Nutrient pollution of the Lake Ohrid: Extent, Sources and necessary Mitigation Measures. Eawag.

EuroNatur dankt allen Unterstützern, welche die Arbeit in der Prespa-Ohrid-Region möglich gemacht haben:

- Allen Sponsoren, Paten und Förderern von EuroNatur
- Bundesamt für Naturschutz
- Bundesministerium für Umwelt, Naturschutz und Reaktorsicherheit
- Deutsche Gesellschaft für technische Zusammenarbeit (GTZ)
- Deutsche Lufthansa
- EOG Association for Conservation
- Mava Stiftung

Die gemeinnützige Stiftung EuroNatur arbeitet bereits seit Anfang der 1990er Jahre sehr erfolgreich für den Schutz der Prespa-Ohrid-Region. In Albanien hat EuroNatur gemeinsam mit der albanischen Partnerorganisation PPNEA die notwendigen Unterlagen für die inzwischen ausgewiesenen zwei Nationalparke, dem Prespa-Nationalpark und dem Shebenik-Jablanica-Nationalpark erstellt und weitere wesentliche Voraussetzungen für diese Vorhaben geschaffen. Ohne das hartnäckige Wirken von EuroNatur und der albanischen Partner wären diese beiden Schutzgebiete nicht entstanden. In Mazedonien hat EuroNatur einen maßgeblichen Beitrag zur Ausweisung des Naturschutzgebiets Ezerani geleistet.

Neben diesen großen Erfolgen konnte EuroNatur im Laufe der Jahre viele weitere substanzielle Beiträge zum großflächigen Schutz wertvoller Landschaften in der Prespa-Ohrid-Region und dort beheimateter bedrohter Arten wie dem Krauskopfpelikan, der Zwergscharbe und dem Balkanluchs leisten. Dabei ging und geht es immer auch darum, Menschen und Natur miteinander zu verbinden. Gemeinsam mit privaten und amtlichen Naturschützern sowie der Bevölkerung vor Ort werden Wege gesucht, die es ermöglichen, das bedeutende europäische Naturerbe zu schützen und gleichzeitig den Menschen in diesen Landschaften eine zukunftsfähige wirtschaftliche Perspektive aufzuzeigen. Wo immer möglich, werden dann auch entsprechende Initiativen bei ihrer praktischen Umsetzung beratend und unterstützend von EuroNatur begleitet.

Spenden helfen, das wertvolle europäische Naturerbe in der Prespa-Ohrid-Region zu bewahren. Leisten auch Sie mit Ihrer Spende einen Beitrag, damit die Stiftung EuroNatur und ihre Partner vor Ort weiter erfolgreich arbeiten können.

EuroNatur sendet Ihnen auf Wunsch gerne ausführlichere Informationen über die Aktivitäten zur Erhaltung des europäischen Naturerbes zu.

euroNATUR

Konstanzer Str. 22
D-78315 Radolfzell

Fon +49 (0) 7732 / 92 72 0
Fax +49 (0) 7732 / 92 72 22
info@euronatur.org
www.euronatur.org

Spendenkonto: 8182005
Bankleitzahl: 370 205 00
Bank für Sozialwirtschaft, Köln